JN013169

図書館にまいこんだ

こどもの超大質問

司書さんは名探偵！

こどもの大質問編集部［編］

青春出版社

はじめに——前作『こどもの大質問』が大好評につき続編ができました！

図書館へ、最後に行ったのはいつですか？

しばらく足が遠のいている方もいれば、毎日のように通っている方もいることでしょう。今まさに図書館で本書を読んでくださっている方もいるかもしれませんね。

本を借りる・返すとき以外で、カウンターの司書さんに話しかけたことはありますか？　じつは、ほぼどの図書館でも、調べもので困ったとき司書さんに質問してみると、自分の代わりに疑問の答えや資料を探すお手伝いをしてくれます。

これは図書館用語で「**レファレンス**」とよばれるサービスです。私（本書の編集者）も数年前まで存在を知らずにいたので、もったいなかったなあ、と思います。もし幼少期に知っていたら、また違う読書体験ができていたのだろうなあ、と。

では、具体的にどんな質問が寄せられ、司書さんはどう調べ、どのように回答しているのでしょう？　その実例を見ることができる「**レファレンス協同データベース**」（以下、レファ協）というサイトがあります。**レファ協は、国立国会図書館が全国の**

図書館などと協同で構築するサイトであり、各地の公共図書館や学校図書館、専門図書館などにおける実際のレファレンス事例を日々蓄積しています（2024年2月時点で920館超が参加。31万件超のデータが登録され、半数以上はインターネットで公開されて誰でも閲覧できます）。

私たち編集部は、レファ協の事例を愛読するなかで「世のなかの人はこんなに多種多様な疑問をもつのか」と驚きつつ「この質問のしかたはいいなあ」とか「こんなに調べてもらえてありがたい！」など、ゆたかな問いと回答にふれ、本にまつわる世界の広さを実感できました。

そこで「レファレンスサービスのすばらしさを、より広く、たくさんの人と共有したい！」という思いから企画したのが、前作『図書館にまいこんだ こどもの大質問』（2023年1月、青春出版社）でした。全国各地の図書館のレファレンス事例のうち、子どもから寄せられたユニークな事例を集めて書籍化したものです。

前作は、おかげさまで刊行から1か月後にたちまち重版、そのうえ全国の公共・大学・専門図書館のうち計2000館以上で「蔵書あり」となりました（図書館横断検索サイト「カーリル」調べ。小中高の学校図書館まで含めたらもっと多くの図書館で

「蔵書あり」と思われます。うれしいかぎりです！）。

たくさんのご感想もいただきました。現役司書の方々からは「**レファレンスに注目した本を出してもらえて励みになる**」「**他館ではこんなふうに答えているのだと知れて参考になった**」、読者からは「**レファレンスのことを初めて知った。ぜひ利用してみたい**」「**司書さんが選んでいる本を読んでみたくなった**」といったお声が。

そこで、編集部としてもまだまだレファレンスの世界を追ってみたい！　と考えて、この続編『図書館にまいこんだ　こどもの㊢大質問』ができました。全国各地の図書館のご協力を得て、50のレファレンス事例を掲載しています。

このシリーズをつくるなかで実感したのは「司書さんってすごい。利用者の知りたいことをつきとめ、棚から本を探しだすさまが、まるで探偵のよう！」ということ。その一方、専門職にもかかわらず正規雇用が非常に少ないなどの現状も知り、なんだかモヤモヤしました。それでも日々レファ協に事例を登録し、一般公開してもらえていることにありがたさを感じます。

本書をきっかけに、お近くの図書館に足を運んでみる方、レファレンスサービスを利用してみる方がひとりでもふえたら幸いです。

こどもの大質問編集部

もくじ

（ふしぎです）

（これって、どうして？）

（探してます）

（どうすればいいですか？）

＊本書は、書き下ろし原稿（一部）のほか、以下のデータベースに登録された全国のさまざまな図書館のレファレンス事例をもとに、書籍化にあたって補足や一部変更を加え、再編集したものです。

▶レファレンス協同データベース　国立国会図書館が全国の図書館などと協同で構築する、調べ物のための検索サービス。公共図書館、大学図書館、学校図書館、専門図書館などにおけるレファレンス事例などのデータを蓄積し、インターネットで公開しています。
https://crd.ndl.go.jp/reference/

▶デジタル岡山大百科　岡山県立図書館が運営する電子図書館。県内の公共図書館などに寄せられたレファレンス事例をデータベース化し、インターネットで公開しています。
http://digioka.libnet.pref.okayama.jp/

▶先生のための授業に役立つ学校図書館活用データベース　東京学芸大学学校図書館運営専門委員会が運営するサイト。「学校図書館の日常」コーナーでは、児童・生徒たちから学校司書へ寄せられたレファレンス事例を紹介しています。
https://www2.u-gakugei.ac.jp/~schoolib/htdocs/

＊各事例に出てくる質問者の年齢や学年、各図書館による回答および回答プロセス、参考文献などは、回答した当時のものです。事例によっては、回答後にそのテーマにまつわる新たな発見があったり、新たな関連書が出版されたりした可能性もありますが、当時の回答を生かして掲載しています。

＊OPAC（Online Public Access Catalog）とは、利用者向けのオンライン蔵書目録検索システムのこと。これとは別に職員用の検索システムもあり、館によって「事務用端末」「業務システム」などとよび方が異なりますが、本書では各館のよび方を残しつつ共通の補足として「（職員用OPACのようなもの）」と表記しています。

＊各事例の著作権は、各図書館が保持しています。

図書館にまいこんだ
こども㊤大質問
司書さんは名探偵！

「ビスケットとクッキーの違いはあるの？」「ほこりって、なにでできているの？」「どうして眠っているときに夢をみるの？」といった、子どもたちからの鋭い質問。聞かれて戸惑った方、幼少期に似たことを考えていた方もいるかもしれませんね。そうした質問に対し、司書さんはどう調べ、どう答えたのか。その奮闘記を、かわいく楽しいイラストとともにお送りします。なお、回答した図書館名は、各ページの最後に掲載しています。

Question 1

『サザエさん』でカツオが小説を読んでいるシーンがありました。かっこよくて憧れましたので、自分にあった小説を紹介してください。

A. がっちりした厚めの単行本をおすすめします。

小学校の図書館にやってきた3年生からの質問でした。前日に放送されたテレビアニメ『サザエさん』でカツオが夏目漱石《なつめそうせき》の小説『こころ』を読むシーンを観て、

「わー、かっこいいなぁ……小説を読む姿って」

と感じ、自分もあのようになりたいと思ったそうです。

司書は、この児童が抱く「かっこいい」イメージにぴったりの小説を探してみることにしました。

まず、どんな内容がいいか。『サザエさん』のカツオは小学5年生という設定ですが、この児童はまだ3年生。それに、これまでの読書傾向から考えると、『こころ』はフィットしなさそうです。日本の古典的文学作品のなかでも、もう少し読みやすい短編集のほう

がいいかもしれません。

また、どんな装丁がいいか。司書自身はカツオが小説を読むシーンを見ていませんが、おそらく児童本人がイメージしているのは、がっちりしたハードカバーの単行本で、厚みがあり、いかにも小説を読んでいる感覚が得られ、その姿を見た人にも威厳を感じさせるような装丁のものでしょう。

そうした配慮をふまえて司書が選んだのは、『少年少女日本文学館』シリーズの志賀直哉や芥川龍之介の短編集です。どの本もハードカバーの単行本で、2センチ以上の厚みがあり、小学3年生にもわかるような古典的作品が多数収録されています。

児童が抱く「かっこいい」イメージや希望をかなえることになるのでは、と考えて紹介しました。

［回答］京都女子大学附属小学校図書館

紹介した本

『少年少女日本文学館5 小僧の神様・一房の葡萄』志賀直哉ほか［著］ 講談社 1986／『少年少女日本文学館6 トロッコ・鼻』芥川龍之介［著］ 講談社 1985

Question 2
東京でいちばん
有名な動物の本が
読みたいんです。

A. ゆりかもめの本？ パンダの本？ それとも……。

ある朝、小学校の図書館に2年生が飛びこんできました。

「先生、東京でいちばん有名な動物は、なんですか？」と聞くので、司書は「ゆりかもめですか？」と答えました。

「ちがいます」

「じゃあ、パンダでしょうか？」

「それも、ちがいます」

司書は、しばらく考えました。

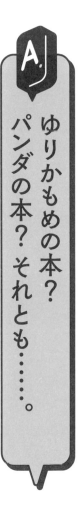

「もしかして、ハチ公ではないですか？」

「そうです！　そうです、ハチのお話が読みたかったんです」

こうして聞き取りの結果、児童の言う「東京でいちばん有名な動物」とはハチ公であることがわかったため、司書は絵本『いとしの犬ハチ』などハチ公にかんする本を3冊紹介しました。うれしそうに本を借りて帰った児童。翌朝、また図書館に飛びこんできて「私の心は、ハチ公でいっぱいです」と報告してくれました。

後日、また別の2年生から「友達が読んでいた、有名な作家の本が読みたいんです」という質問もありました。

有名な作家とは、だれのことでしょう？　かこさとしさん？　中《なか》川《がわ》李《り》枝《え》子《こ》さん？　いろんな名前を挙げてみたところ、答えは「ヨシタケシンスケさんの本」でした。児童は2冊を借りてもう1冊予約、後日さらにもう1冊借りに来ました。友だちの「おもしろいよ～」のひと言は偉大です。

この「有名なもの」シリーズ、次はどんな質問がまいこんでくるか、司書もカウンターのなかで楽しみに待っています。

〔回答〕**学校法人甲南学園 甲南小学校図書館**

ハチ公のレファレンスは新聞にも載りました

紹介した本

『講談社の創作絵本 いとしの犬ハチ』いもとようこ［作・絵］講談社 2009／『ハチ公物語 待ちつづけた犬』岩貞るみこ［著］真斗［絵］講談社青い鳥文庫 2009／『ほんとうのハチ公物語』綾野まさる［作］木内達朗［画］ハート出版 2009

Question 3
6匹のくまが出てくる本を、また読みたい。
6 5 4 3 2 1

A. 子どもの記憶を手がかりに、探してみます。

この図書館にやってくる子どもたちは、よく「前に児童室で読んだ本をもう一度読みたい」と言います。

ただ、書名を覚えていない子も多く、そんなとき司書たちは、「どんなお話だった？」「大きい本だった？　小さい本だった？」などと、その子の記憶を手がかりに本を探すことになります。

ある日、４歳の女の子から「６匹のくまが出てくる本を、また読みたい」とリクエストがありました。

ヒントは、「まえに○○さんと読んだ」「めがねをかけた人が出てくる」「大きい本」。

スタッフたちは、いろいろな絵本を探しては手に取って「これかな？」と見せてみました。ところが、どれも違うと女の子から言われて、もうお手上げ状態です。

　そこへ、ひとりの司書が通りかかりました。困ったようすのスタッフたちから話を聞くと、すぐにピンときました。

「それは、『ウォーリーをさがせ！』だと思います！」

　女の子の言っていた「○○さん」とは、この司書のこと。以前、いっしょに『ウォーリーをさがせ！』を読んだことがあります。そのとき司書は、なにげなく、ある見開きのすみっこに小さく描かれたくまを指して、「ほら、ここに3匹のくまがいるよ」と教えていたのでした。

　まさか、そんなことが女の子の印象に残っていたとは。しかも、記憶のなかで、くまが「6匹」に増えていたとは……。

　子どもって、大人のなにげないひと言も、ほんとうにしっかり覚えているんだなあ、と司書もおどろいたできごとでした。

［回答］東京子ども図書館

そこが印象に残っていたか！とおもしろく思いました

登場した本

『ウォーリーをさがせ！』マーティン・ハンドフォード［作・絵］唐沢則幸［訳］フレーベル館 1987

Question 4

大きくなったら宇宙飛行士になりたい。

A. 宇宙などについて描いた絵本を紹介します。

3歳のお子さんの保護者から「子どもが、大きくなったら宇宙飛行士になりたい、宇宙に行ってみたい、と言うようになりました。3歳の子どもにもわかるような、宇宙や宇宙飛行士についての絵本を教えてほしいです」との質問でした。

司書はまず、児童書コーナーの知識絵本の棚で、保護者の希望にあてはまる絵本を探してみました。また、児童資料研究書（児童書について書かれた、大人向けの本）コーナーの、図書館で使われる分類法でいう「天文学・宇宙科学」の棚で、科学読み物のブックリスト（目録）をひらいて参考にしてみました。

つづいて、ほかの図書館でも似た質問が寄せられたことがあるかもしれない、とレファ協で確認すると、茨城県立図書館に寄せられ

2009／⑥『おそらにはてはあるの？』佐治晴夫［文］ 井沢洋二［絵］ 玉川大学出版部 2003／⑦『自然とかがくの絵本 総解説』赤木かん子［編著］ 自由国民社 2008／⑧『科学道100冊ジュニア』編集工学研究所［編］ 科学道100冊委員会 2017 ほか

た〝宇宙の絵本を見たい。４歳の子どもが自分で読める文字の大きさのものが良い〟という事例で絵本などが紹介されていました。

こうして館内で見つかったのは計11冊。とくに①『うちゅうひこうしになりたいな』、②『おつきさまこっちむいて』、③『はじめてのうちゅうえほん』、④『ルイのうちゅうりょこう』は、３歳のお子さんにもわかるような絵本です。

①は内容も絵もシンプルで、宇宙飛行士になりたい気持ちに沿っています。②は子どもが日常生活で月を観察する体験を描いています。③は太陽系の惑星や天の川などについての知識絵本。④は子どもたちが想像力によって遊びのなかで宇宙旅行をする物語です。

また、３歳には難しいことを伝えたうえで⑤『地球と宇宙のおはなし』、⑥『おそらにはてはあるの？』など5冊と、ブックリストとして参考にした2冊（⑦、⑧）もあわせて紹介しました。

〔回答〕千葉県立中央図書館

紹介した本

①『うちゅうひこうしになりたいな』バイロン・バートン［さく］ポプラ社 2018／②『おつきさまこっちむいて』片山令子［ぶん］片山健［え］福音館書店 2010／③『はじめてのうちゅうえほん』てづかあけみ［さく・え］パイインターナショナル 2011／④『ルイのうちゅうりょこう』エズラ・ジャック・キーツ［作］偕成社 2014／⑤『地球と宇宙のおはなし』チョン・チャンフン［文］山福朱実［絵］講談社

Question
5
野球の完全試合とノーヒットノーランの違いを知りたい。

A. ランナーを出したか否かの違いのようです。

小学生くらいの児童からの質問でした。

ふたつの野球用語の違いについて調べるために、司書はまず、①『総合百科事典ポプラディア3』をひらきました。「**完全試合**」の項目には、次のようにあります。

〝野球で、1人の投手が対戦相手の走者を1人も塁《るい》にださずに9回（延長戦の場合は勝敗が決まるまで）を投げきって勝つ試合〟

また、完全試合は「**パーフェクトゲーム**」とよばれ、〝投手にとっては最高の名誉とされる。投手の力量のほかに、野手の守備力も必要なので、達成はきわめて難しい〟とのことです。

また、②『総合百科事典ポプラディア8』の「**ノーヒットノーラン**」の項目には、次のようにあります。

〝野球で先発投手が相手チームを無安打無得点におさえて勝つこと。雨などによるコールドゲームではみとめられない。まったくランナーをださない完全試合とことなり、エラー、四球（フォアボール）、死球（デッドボール）、また打撃妨害によるランナーはみとめられている〟とあります。

ちなみにアメリカのメジャーリーグでは〝ノーヒッター〟とよばれ〝複数の投手の継投や四死球での得点も無安打であればみとめられる〟など、日本でいうノーヒットノーランとは一部異なるようです。

さらに、図書館で使われる分類法でいう「球技」の棚で資料を探すと、③『ひと目でわかる少年野球のルール』が見つかりました。この用語集には、次のようにあります。

〝**【パーフェクトゲーム】**先発ピッチャーが1人のランナーも許さずに終わった試合のこと。完全試合ともいう〟

〝【ノーヒットノーラン】先発ピッチャーがヒットも得点も許さずに終わった試合。四死球、エラーの出塁はあってもいい〟

こうして、完全試合とノーヒットノーランの違いは、先発ピッチャーが9回まで投げ切った試合でランナーを出したか否かの違いであることがわかりました。

ちなみにこのレファレンスは、2022年にプロ野球でノーヒットノーラン、完全試合の記録が出たときに一気にアクセス数が増え、レファ協の年間アクセス数1位になりました。

［回答］蒲郡市立図書館

野球通なら周知だ
からこそ、過不足のない
説明に苦戦しました

参考にした本

①『新訂版 総合百科事典ポプラディア3 かた・き・く』、②『新訂版 総合百科事典ポプラディア8 な・に・ぬ・ね・の・は』ポプラ社 2011／③『ひと目でわかる少年野球のルール』北島仁［監修］ 成美堂出版 2006

Question 6

毒キノコと食べられるキノコの見分け方が知りたい。

A. 迷信も多いため、正しい知識と経験が必要です。

小学1～2年くらいの児童からの質問でした。

司書はまず、図書館で使われる分類法でいう「菌類」の棚、「林産物」の棚でキノコの本を手に取り、毒キノコについて書かれていないか確認。さらに、館内ＯＰＡＣでキーワード「毒きのこ」で検索し、ヒットした資料を確認しました。

見つかった本のうち8冊（①『キノコの世界』、②『きのこの絵本』、③『きのこ』、④『危険・有毒生物』、⑤『きのこ』ほか）に、毒キノコの見分け方が書かれています。

①には〝むかしから毒キノコのみわけ方が、いろいろいわれてきました。たとえば毒キノコは、くきが縦にきれいにさけないとか、色がはでで毒どくしい、など〟としたうえで、〝しかし、このよう

なみわけ方はまちがっています。ほとんどの毒キノコはじみな色です。毒キノコを一つ一つ正しくおぼえて、中毒をおこさないようにしましょう〟とあります。毒キノコの例としてニガクリタケ、ドクツルタケ、ツキヨタケなどのカラー写真が載っています。

②には〝残念ですが、毒きのこの簡単な見分けかたはありません。見かけも、においも、味もよい毒きのこがあるので、きのこにくわしい人に見分けてもらい、ひとつひとつおぼえましょう〟とあり、毒キノコと食べられるキノコのイラスト各12種が載っています。どちらも色はさまざまで、見比べても簡単には判断できないことがよくわかります。

③では〝これがどくきのこ〟と題して10種のキノコをイラスト入りで紹介。また〝たとえば色が毒々しいとか、たてに裂けると無害で、そうでないものは毒きのこといったようなことがありますが、どれも根拠のないもの〟〝正しい知識を持って実際に野山できのこ

筆］小学館 2017 ほか／ウェブサイト：農林水産省「本当に安全？STOP毒きのこ」／厚生労働省「毒キノコによる食中毒に注意しましょう」注意喚起リーフレット

を採集して、観察することが最もたいせつなことです。採集したきのこは、形状、色、匂いなどを確かめます〟とあります。

④にも、やはり毒きのこを見た目だけで判断する方法はないこと、見分けるには科学的な知識と経験が必要であることが書かれ、シイタケやシメジなどと間違いやすいキノコや、猛毒で危険なキノコを写真入りで紹介しています。

そして⑤には、昔は〝塩につけたり乾かすと毒がなくなる〟〝ナスといっしょに油でいためると毒がなくなる〟などの俗説があったこと、しかしこれらは間違っている、とあり、毒キノコとそれらに似た食用キノコのカラー写真が載っています。

その他3冊にも同様に、簡単な見分け方はなく、専門的な知識が必要、といったことが書かれていたため、調査を終了。児童には、残念ながら簡単には見分けられないことを伝えたうえで、これらの本を紹介しました。

〔回答〕小野市立図書館

参考にした本

①『科学のアルバム57 キノコの世界』伊沢正名［著］ あかね書房 2005／②『きのこの絵本 ちいさな森のいのち』小林路子［文・絵］ ハッピーオウル社 2008／③『フレーベル館だいすきしぜん しょくぶつ6 きのこ』高山栄［指導・絵］ フレーベル館 2008／④『学研の図鑑LIVE POCKET 5 危険・有毒生物』学研プラス 2017／⑤『改訂版 小学館の図鑑NEO 22 きのこ』保坂健太郎ほか［監修・執

Question 7
あだむといぶって、どっちがさいしょなん？

A. 絵本をいっしょに見てみましょう。

4歳の男の子からの質問でした。

おうちの方に「最初の人間は、アダムとイブ」と教わったそうで、「ふたりいる！　どっちなの！」と、お怒りでした。

アダムとイブと聞いて、司書は絵本『てんごくの土ようび』が思い当たり、お子さんといっしょに読んでみることにしました。

しかし、この本では髪の長さの違いで男女を描き分けているようで、アダムとイブのどちらが最初とは言及していません。

次に、ウェブ百科事典「コトバンク」でキーワード「アダム イブ」で検索。旧約聖書『創世記』では、アダムが最初、とされているようだとわかりました。

ほかの図書館でも、似た質問が寄せられたことがあるかもしれない。そう思いついた司書は、レファ協で確認してみることに。

すると、西東京市中央図書館へ寄せられた〝さいしょのにんげんはこどもなの？ おとななの？ さいしょのにんげんの赤ちゃんはミルクもないのにどうしてたの？ 赤ちゃんのミルクをどうやってつくったの？〟という事例が見つかりました。

そこで紹介されている『にんげんがうまれたころのおはなし』を読んでみると、アダムとイブが登場し、どちらが最初かについても言及しています。これで、質問を寄せたお子さんにようやく回答ができそうです。

なお、調べるなかで、絵本『アダムとイヴ』にもアダムが最初でイブが次、といった描写があることを確認しましたが、小学3年生以上向けの本のため、お子さんには紹介しませんでした。

［回答］伊丹市立図書館 本館「ことば蔵」

参考にした本

『てんごくの土ようび』ヘルメ・ハイネ［作・絵］ おおしまかおり［訳］ 佑学社 1986／『にんげんがうまれたころのおはなし』リスル・ウェイル［さく］ むらまつかよこ［やく］ ほるぷ出版 1979／『世界の神話絵本 アダムとイヴ』ほるぷ出版 1997／ウェブサイト：コトバンク

Question 8

ビスケットとクッキーの違いはあるの？

A. ほぼ同じものですが、国によってよび方が違うようです。

小学3年生からの質問でした。

ビスケットとクッキーの違いについて調べるために、司書はまず、児童書の食物コーナーをながめて資料を探してみました。

図鑑の多くには、子どもに伝わりやすいような図・写真入りの説明が載っていて、とくに『大好き 食べ物情報図鑑3』に、**イギリスではビスケット、アメリカではクッキー、フランスではサブレというよび方をする**、といったことが書かれています。

ビスケットは昔から、つくるのが簡単で長持ちするので、保存食として重宝されたようです。

　次に、ビスケットとクッキー、それぞれがどんなものかを知るために、百科事典をひらいてみました。

『総合百科事典ポプラディア』には、ビスケットとクッキーのどちらも、小麦粉に卵・牛乳・バター・砂糖などを加えて焼いた洋菓子で、ビスケットはクッキーよりバターの量が少なくややかためのものをいうことが多いが、はっきりとした区別はない、といったことが書かれています。

　こうしてビスケットとクッキーはほぼ同じものであり、国によってよび方が違うだけのようである、とわかりました。

〔回答〕仙台市図書館

参考にした本

『大好き 食べ物情報図鑑3 ケーキ・洋菓子』浜田和子［文］高村忠範［絵］汐文社 2004／『新訂版 総合百科事典ポプラディア3 かた・き・く』『新訂版 総合百科事典ポプラディア9 ひ・ふ・へ』ポプラ社 2011ほか

Question 9
サンタクロースのそりを
引いているトナカイは、
オス・メスどちらか？

A. メスである可能性が高いです。

保育園でおはなし会をしていたときのこと。5歳の園児から「サンタクロースのそりを引くトナカイって、重い荷物を持ってたくさん走るから、オスかな？　って思うんだけど、オスのトナカイは冬になると角《つの》が抜けちゃうし、どっちなの？」との質問でした。

司書は、そもそも、空を飛ぶトナカイは自分たちの知っているトナカイと一緒なのか？　と考えて、伝説と生物学の両面から調べてみることにしました。

まず、伝説の面から。館内OPACでキーワード「クリスマス」「トナカイ」「飛ぶ」「サンタクロース」で検索するとともに、クリスマスの事典のようなものはないか探しました。見つかったのは、①『クリスマス事典』、②『空飛ぶトナカイの物語』です。①に、詩人のクレメント・ムーアが1822年に書いた詩「クリスマスの前の夜」が載っていて、8頭のトナカイが登場します。この詩をきっかけにサンタクロースの乗り物はトナカイが引く「そり」が当たり前になった、とのこと。②ではトナカイの種類について説明し〝クロース一族が飼っているのは、レンジファー・タランダス・ペアリー種〟〝ペアリーカリブーとトナカイは同種族の動物〟とあり、①に登場する各トナカイの性別も書かれています。

こうして伝説の面では、そりを引くトナカイには名前があり、性別も決まっていることがわかりました。

次に、生物学の面から。とくに、枝角《えだづの》とよばれる大きな角《つの》の特徴を調べることにし、小中高校生向けの③『総合百科事典ポプラディア11』をひらきましたが、〝雌にも小さな角がある〟として写真は性別不明のトナカイ1体だけ。そこで、一般向け資料ですが④『世界大百科事典20』をひらくと〝角が雄だけでなく雌にもふつうにあ

で学ぼう！北極圏の動物たち カリブー』坪田敏男［監訳］丸善出版 2020／⑥『河合雅雄の動物記6 極北をかけるトナカイ』草山万兎［作］金尾恵子［画］フレーベル館 2008

る〃とし、挿絵を見るとオス・メスの角にあまり差はないと確認できました。さらに、①②でわかったことをふまえて館内ＯＰＡＣでキーワード「トナカイ」「生態」「カリブー」で検索し、動物の本や動物記を中心に探して⑤『カリブー』、⑥『河合雅雄の動物記６』を見つけました。⑤によると〃オスのバーレーン・グラウンド・カリブーは11月か12月に枝角を落とします。メスはオスよりも長く枝角をたもち、冬の間中枝角をもっています〃。⑥では〃一般にシカ科のメスには角がないが、トナカイの特徴は、雄も雌も立派な角をもっていることだ〃とし、12月～1月にオスは角を落とすといい〃これはニホンジカと同じだが、おもしろいことに雌の角はそのままで、晩春の出産が終わってから落ちる〃とあります。

　こうして、クリスマスの時期（12月25日前後）に角があるトナカイは、メスである可能性が高い、と言えることが判明。園児には、先生を通して回答を伝えてもらいました。

［回答］**小野市立図書館**

参考にした本

①『クリスマス事典』国際機関日本サンタピア委員会［監修］ あすなろ書房 2001／②『空飛ぶトナカイの物語 今明かされるサンタ・クロースとそのクリスマス・ミッションの真実』ロバート・サリヴァン［文］ グレン・ウルフ［絵］ 井原美紀［訳］ 集英社 1998／③『第3版 総合百科事典ポプラディア11』ポプラ社 2021／④『2005年改訂版 世界大百科事典20 トウケ-トン』平凡社 2005／⑤『イラスト

Question 10

ほこりって、なにでできているのでしょうか？

A. 身の回りにあるさまざまなものの「かけら」です。

小学校の図書館に掃除にやってきた4年生からの質問でした。ほうきを使いながら「ほこりって……」とつぶやき、調べてみたいということになりました。

司書はまず、館内OPACでキーワード「ほこり」で検索してみましたが、答えがわかりそうな本はヒットしませんでした。

そこで、インターネットで「ほこり　でき方」などと調べると、「学研キッズネット」というサイト内の「どうしてほこりはでるの」というページが見つかりました。

それによると〝簡単にいえば、ほこりとは身の回りにあるあらゆるものの小さなかけら〟とあります。

たとえば、洋服の糸、わた、砂などから、ほこりができるようです。

また、科学の疑問を集めた本をあたってみると、『科学のふしぎな話365』に、同じ質問が載っているのを発見しました。

この本によると、雪や雨はほこり（ちり）を芯にしてできているそうです。

児童の興味がほこりから雪へと広がっていき、司書は『雪の一生』を紹介しました。

ちなみに、人間の体はほこりを吸いこみにくいようになっているものの、掃除のときは、ほこりがまい上がらないよう工夫がいることもわかりました。

〔回答〕京都女子大学附属小学校図書館

参考にした本

『好奇心をそだて考えるのが好きになる 科学のふしぎな話365』日本科学未来館［監修］ ナツメ社 2012／『新装版 科学のアルバム 雪の一生』片平孝［著］ あかね書房 2005／ウェブサイト：学研キッズネット

Question 11
猫は1日にどのくらい寝るのか？

A. 1日に13時間以上は眠るようです。

小学生からの質問でした。司書はまず、図書館で使われる分類法でいう「家畜・畜産動物・愛玩動物」の棚で、猫の生態にかんする資料を探してみました。調べる対象が「猫」とはっきりわかっている場合、検索よりも直接棚へ行き、表紙や目次を見て選ぶほうが、いちばん早く的確に本を探せるのです。

見つかったのは計4冊で、①『ネコ』、②『ネコのひみつ』、③『ノラネコの研究』、④『くらべてわかる！イヌとネコ』、⑤『どうぶつたちがねむるとき』。猫の睡眠時間について、①には〝約15時間は眠るので、1日の半分以上は眠っていることになります〟とあり、また〝ネコはもともと、狩りをする動物〟〝狩りをするとき以外は、これ以上おなかをへらさないように、寝てすごした〟とあります。

プフォヴァー［絵］木村有子［訳］偕成社 2017

②は、猫の秘密をQ＆A形式で紹介。〝寝てばかりいるけど、病気なの？〟という質問に〝1日に寝ている時間は、平均すると14時間。ネコは一生の約3分の2を寝て過ごす〟と答えています。

③は、ナオスケという猫の観察を記録した本。〝ナオスケは、合わせて18時間以上もねていました〟とあり、猫の一日の生活の流れを表にし、寝ていた時間に色をつけて紹介しています。

④には〝「ネコ」という名前は「寝子」からきているという説がある〟〝睡眠時間は約13時間〟〝50分から2時間くらいの長さのねむりを何度もくり返しているようです〟とあります。

⑤には〝いちばん長くねむるどうぶつ、な〜んだ。いちにち16時間、ねむるものもいます。それは、ネコです〟とあります。

5冊のデータを総合すると、猫は1日に13時間以上は眠るらしいことがわかりました。

［回答］岡山県立図書館

参考にした本

①『すぐに役立つペットの飼い方4 ネコ』高崎計哉［監修］ 穂実あゆこ［イラスト］ 偕成社 1999／②『ネコのひみつ』川田直美［文］ ポプラ社 1997／③『ノラネコの研究』伊澤雅子［文］ 平出衛［絵］ 福音館書店 1994／④『くらべてわかる！イヌとネコ』浜田一男［写真］ 大野瑞絵［著］ 林良博［監修］ 岩崎書店 2015／⑤『どうぶつたちがねむるとき』イジー・ドヴォジャーク［作］ マリエ・シュトゥン

Question 12
さっき見た
鳥の名前を
知りたい。

A. いっしょに図鑑を見てみましょう。

小学5年生と、いっしょに鳥を見た先生からの質問でした。ふたりによると「鳥の色は白と黒。鳴き声は聞いていない」とのこと。ちょうど図書館には鳥の図鑑が3冊あるので、児童、先生、司書の3人で1冊ずつ手に取って調べることになりました。

先生はポプラ社の図鑑『鳥』で「シジュウカラだったのではないか」と示しましたが、児童は「こんなに丸くなかった」と否定。

しかしシジュウカラに似ているというヒントから、司書が学研の図鑑『鳥』で「ハクセキレイでは？」と示したところ、児童も先生も「間違いない」とのこと。児童の手にしていた小学館の図鑑『鳥』も含めて3冊を見比べながら、生息地や体長などを調べました。

［回答］かつらぎ町立笠田小学校図書館

参考にした本

『ポプラディア大図鑑WONDA 鳥』川上和人［監修］ポプラ社 2013／『増補改訂 ニューワイド学研の図鑑6 鳥』学研教育出版 2009／『新版 小学館の図鑑NEO5 鳥 恐竜の子孫たち』上田恵介［監修］小学館 2015

Question 13

バナナの真ん中の黒い点はなにか?

A. 種のなごりだそうです。

お子さんから「バナナの黒い点」について聞かれて困っている、という保護者からの質問でした。

親子から質問を受けたとき、司書はお子さんの年齢を聞き、年齢にあわせて本を選びます。

今回は「園児」と聞き、科学絵本『バナナのはなし』を真っ先に探しました。

この本では、バナナの実がどうできるかがイラスト入りでくわしく書かれ、黒い点の説明もあったはず、と思い出したのです。

ところが、あいにく貸出中でした。

そこで、絵本のもとになった雑誌『かがくのとも』を確認してみることに。

すると、真ん中の黒い点について〝くろいてん、それはバナナのたねのなごりだ。たねがあるとたべにくい。そこでたねのないバナナがつくられた〟などの説明があります。

また、ほかにも資料がないか探すことに。

園児ということで、絵本がいいかと考えて、絵本の棚で『だいすきしぜん たべもの1 バナナ』を、果物・野菜関係の棚で『トロピカルフルーツずかん1 バナナ』を見つけましたが、黒い点の説明は載っていません。

バナナを好きな子どもは多いのに、バナナの本は少ないのです。

結局、『かがくのとも』を保護者に手渡しましたが、「助かりました！」とお礼の言葉をもらってホッとした司書でした。

〔回答〕山梨県立図書館

参考にした本

『バナナのはなし』伊沢尚子[文] 及川賢治[絵] 福音館書店 2013／『かがくのとも 通巻481号』福音館書店 2009／『フレーベル館だいすきしぜん たべもの1 バナナ』斎藤雅緒[絵] フレーベル館 2007／『トロピカルフルーツずかん1 バナナ』あかぎかんこ[文] リブリオ出版 2001

Question 14
図書館の入口でポーンと
音が鳴るのを聞いた。
どういう意味があるの？
ポーン

A. 視覚障害者を誘導する「音サイン」です。

ここは中高一貫校の図書館。小学生も登録すれば利用できます。夏休みのある日、小学4年生から「市立図書館に行ったとき、入口でポーンと音が鳴るのを聞いた。どういう意味があるの？　ほかにも同じような音が鳴る場所があるの？」との質問でした。

音の正体を調べるために、司書はまず、インターネットで「ポーン　公共施設　音」で検索。経済産業省サイト内の「公共施設における誘導用音サイン」にかんするページがヒットし、音の正体は「音サイン」とわかりました。

つづいて「音サイン」で検索すると、日本視覚障害者団体連合のサイトで音サインの例として〝駅の改札口などで聞こえるピンポーンと鳴る誘導チャイム〟〝階段の入り口で鳴く小鳥の声〟〝音響式信

者団体連合／神戸市地下鉄海岸線

号機でカッコー・ピヨピヨと鳴く音〟などが挙げられています。また、神戸市地下鉄海岸線のサイトにも図解が載っています。

　これらをふまえながら、司書は館内OPACで「音サイン」「誘導鈴」「視覚障害」「ユニバーサルデザイン」「バリアフリー」などのキーワードで検索。また、図書館で使われる分類法でいう「社会科学」「自然科学」「芸術」の棚をながめて、小学生にもわかりやすい資料がないか探してみました。

　見つかったのは『心のバリアフリーを学ぶ1　身近な場所編』『目の不自由な人をよく知る本』など計7冊です。

　小学生には少し難しいですが、『サイン音の科学』にはサイン音の役割と実態、公共空間のサイン音、サイン音のユニバーサルデザインなどが解説されています。部分的にでも参考文献として活用できそうでした。

［回答］松蔭中高図書館

うっかり聞き逃し
そうな音から視界が
広がりました

紹介した本

『心のバリアフリーを学ぶ1 身近な場所編』髙橋儀平［監修］小学館クリエイティブ 2020／『目の不自由な人をよく知る本』田中徹二・猪平眞理［監修］障害のある人とともに生きる本編集委員会［編］合同出版 2021／『サイン音の科学 メッセージを伝える音のデザイン論』岩宮眞一郎［著］コロナ社 2012ほか／ウェブサイト：経済産業省「公共施設における誘導用音サイン」／日本視覚障害

Question 15

A. 地中にくいをうめこむ「パイルドライバー」です。

小学生からの質問でした。「図書館の駐車場で工事をしていて、5階建ての建物より高い、クレーンのように首が長い重機が来ている。あれはなにか？」とのこと。

司書はひとまず、児童といっしょに工事現場へ行ってみました。例の重機を観察すると、次のような特徴があります。

――クレーンのように首が長い大型の重機。首は地面に垂直。首には上下に動くパーツがあり、ドリル状のものが取りつけられたり、電柱のような長い柱を持ち上げたりしている。足回りはキャタピラではなく車輪。――さて、これはなんという名前なのでしょう？

さっそく図書館に戻って調べることに。司書は、児童向けの棚をながめて、資料がないか探してみました。

見つかったのは計10冊。そのうち、①『はたらく車』、②『世界の働くくるま図鑑 上巻』、③『はたらくくるま大図鑑』にはそれぞれカラー写真入りで例の重機が紹介されています。その名前は〝パイルドライバー〟だとわかりました。

①では〝地中にくいをうめこむパイルドライバー〟として、くいをうめこむ方法や各パーツの名前も載っています。「首」とよんでいたものは〝リーダ〟、上下に動く部分は〝オーガ〟というパーツであるとわかりました。②には〝大きな構造物を支えるための基礎杭《くい》を地中に作る重機〟として〝大型杭打機〟が紹介されています。〝三点式パイルドライバ〟ともよばれるそうです。

③では〝うえからおもりをおとしてくいをじめんにうちこみ〟〝じょうぶなじめんをつく〟る、とあります。④では〝杭打ち機〟が紹介されていて〝パイル〟とは杭のことだとわかりました。

さらにくわしく調べるために、司書は事務用端末（職員用ＯＰＡ

大集合1 ブルドーザー・ドリルジャンボ・パイルドライバーほか』汐文社 2014／⑥『ビルをつくるじどうしゃ』鈴木まもる［さく・え］ 金の星社 2020／⑦『別冊ベストカー The重建機』三推社 2003／⑧『別冊ベストカー The建機』三推社 2001／⑨『絵で見る建設図解事典1 測量・調査・基礎工事』斎藤幸男［編］ 建築資料研究社 1990

Cのようなもの）やインターネットでキーワード「杭打機」「パイルドライバー」で検索。見つかったのは、⑤『すごいぞ!!重機大集合1』、⑥絵本『ビルをつくるじどうしゃ』です。⑤ではカラー写真とともに〝くいをうめこむ仕組み〟や各パーツの説明、運転席などが紹介され、⑥には〝油圧式パイルドライバー〟の絵があります。

こうして児童とともに調べてきましたが、本人は「もっとくわしく知りたい！」と、まだまだ興味津々のようすです。

そこで司書は、大人向けの棚でも資料を探すことに。検索ではなかなかヒットしないものの、「これは」と思われる資料を片っ端から取り寄せたり、図書館で使われる分類法でいう「建設・土木工学」「機械工学」などの資料を片っ端からひらいたりして調べました。見つかったのは3冊（⑦〜⑨）で、パイルドライバーの作業性能や装置性能など、よりくわしい情報を得ることができました。

〔回答〕**名古屋市山田図書館**

参考にした本

①『ポプラディア大図鑑WONDA 超はっけんのりもの大図鑑1 はたらく車』小賀野実［監修］ポプラ社 2016／②『世界の働くくるま図鑑 上巻』スタジオタッククリエイティブ 2018／③『はじめてのずかん はたらくくるま』小賀野実［監修］高橋書店 2021／④『はたらくくるま大図鑑 工事現場ではたらく車・サイレンカー・街ではたらく車』海老原美宜男［監修］永岡書店 2008／⑤『すごいぞ!!重機

Question 16

この本のように、ページをひらくと絵が動く絵本はありますか？

A. スキャニメーションシリーズですね、ありますよ。

小学1～2年くらいの児童からの質問でした。児童が手にしていた「この本」とは、『オズの魔法使い』のしかけ絵本のこと。ページをひらくと同時に絵柄が動く、というユニークな本です。

司書がインターネットで調べると、このようなしかけ絵本は「スキャニメーション」とよばれることがわかりました。ところが館内OPACで「スキャニメーション」で検索しても見つかりません。

そこで司書は、実際に児童書の棚や、閉架（利用者が見ることのできない棚）をながめて、似たような絵本を探してみました。

見つかったのは計5冊。児童に見せると、『オズの魔法使い』と同じ作者による『ギャロップ!!』を借りていきました。

〔回答〕恩納村文化情報センター

登場した本

『しかけえほん オズの魔法使い』ルーファス・バトラー・セダー［さく］ たにゆき［やく］ 大日本絵画 2012／『ギャロップ!!』ルーファス・バトラー・セダー［さく］ たにゆき［やく］ 大日本絵画 2008 ほか

Question 17

ハリー・ポッターシリーズが好きなのですが、似た感じでおすすめはありますか？

A. 外国作家によるシリーズものの小説を紹介します。

小学4年生からの質問でした。『ハリー・ポッター』は、イギリスの児童文学作家によるファンタジー小説で、シリーズ全7巻。児童はこれに似た本を求めていて「長くてもOK。魔法でなくても、ファンタジーならOK」といいます。

このヒントをふまえながら、司書は児童書コーナーの棚をながめて「外国の作家」「複数冊数のシリーズ」などの条件にあてはまる本を探してみました。

見つかったのは『ヴァンパイレーツ』シリーズ全14巻、『クロニクル千古の闇』シリーズ全7巻、『デルトラ・クエスト』シリーズ全8巻です。各シリーズの1巻を児童に貸し出しました。

［回答］恩納村文化情報センター

紹介した本

『ヴァンパイレーツ1 死の海賊船』ジャスティン・ソンパー［作］ 海後礼子［訳］ 岩崎書店 2009／『クロニクル千古の闇1 オオカミ族の少年』ミシェル・ペイヴァー［作］ さくまゆみこ［訳］ 評論社 2005／『デルトラ・クエスト1 沈黙の森』エミリー・ロッダ［作］ 岡田好惠［訳］ 岩崎書店 2014

Question 18

砂鉄の本はありますか？

A. 砂鉄のなにを知りたいのか、教えてください。

1月の寒い日のこと。

小学校の図書館にやってきた3年生からの質問でした。

この学年は、先日ちょうど百科事典の使い方を学んだところです。司書はさっそく、児童といっしょに百科事典で「砂鉄」を調べてみることにしました。

ところが、難解な説明で、理解できませんでした。児童はまだ理科の授業でも磁石のことを習っていません。

司書が「砂鉄のなにを知りたいの？」とたずねると、児童は、「使い捨てカイロの袋が破れて、中の粉が磁石にくっついた。だから、調べたくなった」とのこと。砂鉄というより「使い捨てカイロの中身」に興味をもっているようです。

そこで司書は、図書館で使われる分類法でいう「工学・技術」の棚で、資料がないか探してみました。

見つかったのは①『最新モノの事典』。カイロの中身について、次のようにあります。――現在もっともよく使われているカイロ（携帯用カイロ）には、鉄の粉、活性炭、水、塩、保水材（木粉、吸水性樹脂、バーミキュライトなど）がはいっている。鉄の粉が酸化することで発熱する。活性炭は、酸素を吸着して酸素の濃度を高くし、鉄の粉の酸化を速める。水、塩は鉄の酸化を速める。保水材は鉄の粉がべたべたするのをふせぐ。

こうして、カイロの袋がやぶれたとき磁石にくっついたのは、その中身のひとつ「鉄の粉」であることがわかりました。ちなみに砂場などで見つかる「砂鉄」にはいろいろな物質が混じっていて、カイロの中身の鉄とは同じものではないようです（参考文献②）。

［回答］牛久市立学校図書館

参考にした本

①『カラー版 最新モノの事典 身近なモノのしくみと歴史』最新モノの事典編集委員会［編著］鈴木出版 2009／②『新訂版 総合百科事典ポプラディア4』ポプラ社 2011

Question 19

給食の本ってありますか？

A. 先生も、ちょうど気になっていた本があります。

2学期の終わりごろ、中学校の図書館にやってきた1年生からの質問でした。冬休みの宿題として「スピーチを考える」という課題が出て、その資料を探しているそうです。

この中学校では、生徒は弁当を持参します。図書館には弁当の本ならいろいろあるのですが、「給食」は盲点でした。

司書が「給食の、なにについて知りたいの?」とたずねると、「僕は青森から東京に引っ越してきたんです。そのとき、青森と東京では、あまりにも給食の内容が違っていた。びっくりしたから、それについてスピーチしたいと思って」とのこと。

司書がとっさに思いついたのは、(当時)少し前に本屋さんで見かけた『変な給食』。雑煮とコッペパン、黒糖パンに味噌汁など、全国各地の風変わりな給食を再現写真入りで紹介する本です。

生徒の宿題は、冬休みにゆっくり本を読んでスピーチを考える、というものなので、今から本を買ってもまだ間に合いそう。そこで司書は「終業式にもう一度、来てください」と伝えました。

その後、ほかにも資料がないかとインターネットで検索してみると、『給食で育つ賢い子ども』を見つけました。全国各地の自治体や生産者、学校の栄養士の「食育」活動を取材した本です。

この本もスピーチに役立ちそう。あわせて2冊を図書館に入れることになりました。

終業式の日。『変な給食』を借りに来た生徒に「こんな本もあるけれど、どうかな？」と差し出したところ、「あ、この本、公共図書館に行って借りてきました！」と返事が。えらいなぁ、ちゃんと公共図書館にも行くなんて！　と感心した司書でした。

〔回答〕**東京学芸大学附属世田谷中学校図書館**

紹介した本

『変な給食』幕内秀夫［著］ ブックマン社 2009／『給食で育つ賢い子ども 全国おいしい学校給食マップ』金丸弘美［著］ 木楽舎 2008

Question 20
こわい本を読みたい。

A. リクエストに応えて、ものすごくこわい本を紹介します。

小学3年くらいの児童からの質問でした。司書が「絵本と物語、どちらがいいですか？」と聞くと、児童は「絵本がいい」とのこと。また、「ちょっとこわい話とものすごくこわい話、どちらがいいですか？」と聞くと、「ものすごくこわい話がいい」とのこと。

そこで司書は、館内OPACで怪談絵本と妖怪絵本の貸出状況を確認。絵本の棚で『おんなのしろいあし』『あずきとぎ』などを選びつつ、ほかにもないか探していると、『ゆめくい小人』を見つけました。絵にインパクトがあり、司書自身が小学生のころに読んでトラウマになりながらもハマった絵本です。思わずいっしょに紹介しました。児童は「妹といっしょに読んで帰る」とのことでした。

［回答］米子市立図書館

紹介した本

『怪談えほん7 おんなのしろいあし』岩井志麻子［作］寺門孝之［絵］東雅夫［編］岩崎書店 2014／『京極夏彦の妖怪えほん 怖 あずきとぎ』京極夏彦［作］町田尚子［絵］東雅夫［編］岩崎書店 2015／『ゆめくい小人』ミヒャエル・エンデ［著］偕成社 1995 ほか

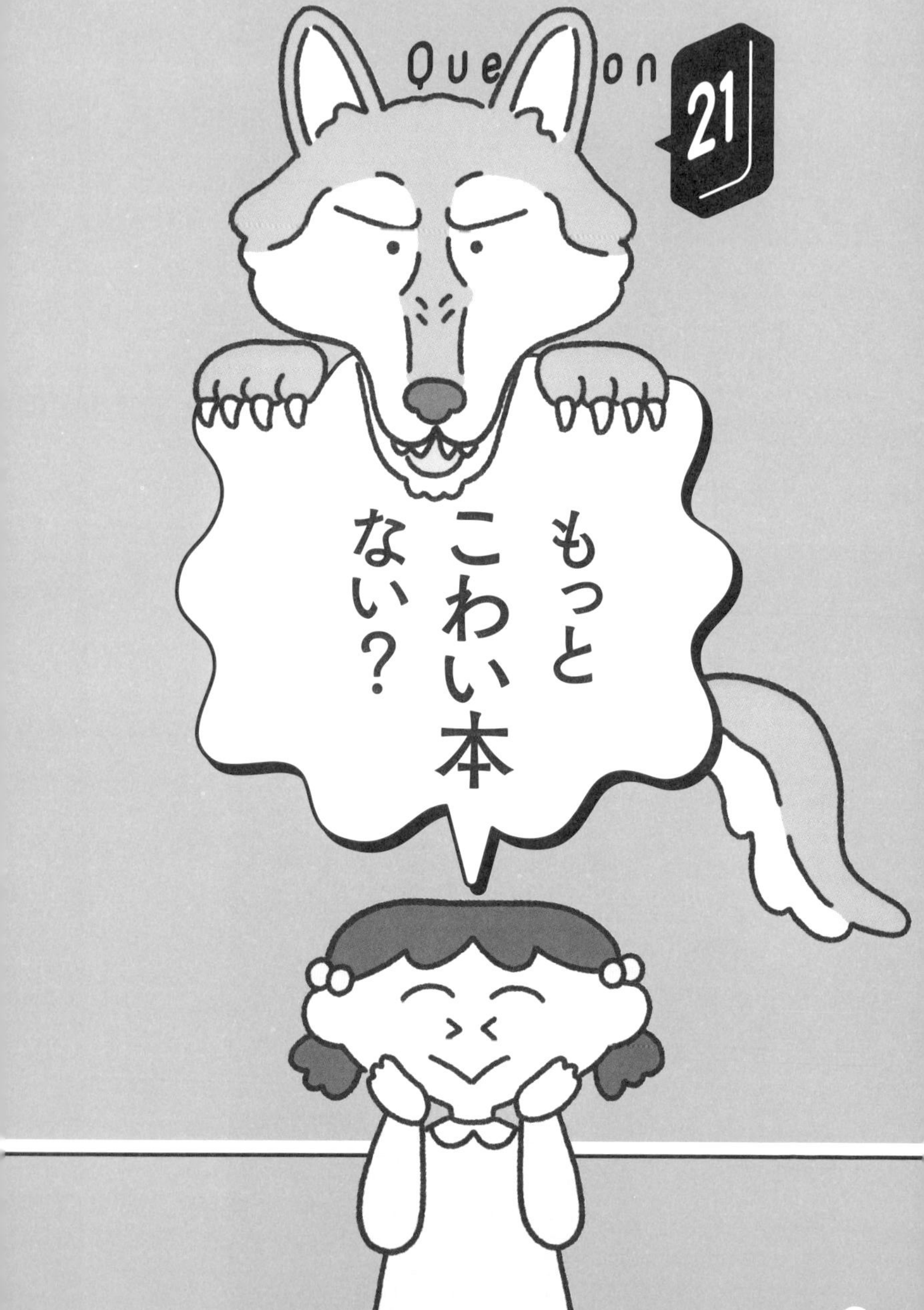
Que on
21
もっとこわい本ない？

A. 昔話には、こわい話がたくさんあります。

子どもから「こわいお話ない？」と聞かれたとき、司書にとって頼りになるのは、昔話です。

たとえば、この図書館でつくっている『新装版 お話のリスト』（子どもに語るのに向く昔話などを集めた目録）だけでも、計36の「こわい話」が紹介されています。このように、昔話はこわい話の宝庫なのです。

ある小学2年生は、一時期、こわい話のとりこになっていました。司書は、イギリスの「金の腕」や「フォックス氏」、スペインの「指輪」、ドイツの「黒いお姫さま」など、世界各国の昔話を読み聞かせました。

ところがこの児童は、図書館にやってくるたびに「このあいだのより、もっとこわいの、ないの？」とたずねるのです。

司書が次々に読み聞かせしても、「もっと、も〜っとこわいの」と、要望は大きくなっていきます。

そこである日、イタリアの「狼おじさん」を読むことに。このお話は、昔話としては珍しくアンハッピーエンドで、主人公が食べられてしまう結末です。

読み終えると児童は、「これでおしまい？　ほんとうに？」とおどろきました。

そして、「わたし、このお話の続きを考える！」と言って、その場で赤ずきんのような物語の筋をつくりあげてしまいました。

児童が読みたかったのは「ただこわいお話」ではなく「こわくても最後は大丈夫なお話」だったようです。

［回答］東京子ども図書館分室　かつら文庫

登場した本

『新装版 お話のリスト』2014、『おはなしのろうそく22』1997（金の腕）、『おはなしのろうそく27』2008（指輪）以上、東京子ども図書館［編・刊］／『子どもに語るイギリスの昔話』松岡享子［編・訳］こぐま社 2010（フォックス氏）／『黒いお姫さま』ヴィルヘルム・ブッシュ［採話］福音館書店 1991／『みどりの小鳥』イータロ・カルヴィーノ［作］岩波書店 1978（狼おじさん）

Question 22

大仏の頭について知りたい。

A. あのボツボツは螺《ら》髪《ほつ》といって、その数は……。

小学6年生からの質問でした。

大仏といっても、全国各地にいろんな大仏があります。司書が「どの大仏ですか？」とたずねると、この児童が修学旅行で行く予定の「奈良の大仏」であることがわかりました。

さらに聞けば、児童は「大仏の頭のボツボツは、なんというのか？それがいくつあるのか？」に興味があるようです。

そこで司書は、館内検索機（職員用ＯＰＡＣ）で書名を「ダイブツ」で検索し、ヒットした本の棚を確認。児童書の「美術」の棚、「日本史」の棚、さらに奈良の修学旅行ということで「地理」の棚で修学旅行の本を確認し、大仏について書かれた本がないか探してみました。見つかったのは計5冊で、①『奈良の大仏をつくる』、②『奈

役立つ！』全国修学旅行研究協会［監修］ポプラ社 2013／⑤『教科書に出てくる歴史ビジュアル実物大図鑑』山下裕二［監修］ポプラ社 2010／ウェブサイト：東大寺ホームページ ＊2024年1月25日確認

良の大仏の研究』、③『奈良の大仏』、④『行ってみよう！京都・奈良図鑑』、⑤『教科書に出てくる歴史ビジュアル実物大図鑑』です。これらによると、頭のボツボツは「螺髪《らほつ》」、または「螺《ら》けい」とよばれ、その数は966個とのことです。

こうして、児童の疑問は解決しました。

その後、この事例をレファ協に登録したところ、千葉市中央図書館から追加情報が寄せられました。現在の奈良の大仏は江戸時代につくり直されたもので、最新（2015年当時）の研究では、螺髪の数は定説とは異なる、との見方も出ているようです。

東大寺のホームページに、この研究の解説が載っていて〝はずれてしまっている螺髪も含めれば、現在の大仏さまには、492個の螺髪が取り付けられていた、と推定される〟とあり、現在も落下などせずに頭についている螺髪は483個とわかっているようです。

〔回答〕安城市図書情報館

参考にした本

①『新版 図説日本の文化をさぐる 奈良の大仏をつくる』稲川弘明［図］石野亨［文］井口文秀［絵］小峰書店 2004／②『調べ学習日本の歴史3 奈良の大仏の研究 アジア世界の知恵と技術の結晶』戸津圭之介［監修］ポプラ社 2000／③『奈良の大仏 世界最大の鋳造仏』香取忠彦［著］草思社 1981 ＊2024年1月現在は所蔵なし／④『行ってみよう！京都・奈良図鑑 修学旅行や社会科見学に

Question 23
日本では月にうさぎがいるといわれるが、外国ではなにがいるといわれているか？

A. 薪をかつぐ男、髪の長い女性、本を読むおばあさんなど。

小学4～5年くらいの児童からの質問でした。司書はまず、館内OPACで「月 伝説 うさぎ 研究」などのキーワードで検索。つづいて、児童といっしょに児童書コーナーで本をめくってみました。見つかったのは『月の科学』『夜空と月の物語』『月学』など計5冊です。これらによると、月には高地（白い部分）と海（黒い部分）があり、地域や民族によって模様の見え方が異なるため、世界各地でいろんなものに見立てられていることがわかりました。たとえばドイツでは「薪をかつぐ男」、東ヨーロッパでは「髪の長い女性」、北ヨーロッパでは「本を読むおばあさん」、アラビアでは「ほえるライオン」、南アメリカでは「ワニ」「ロバ」などです。

［回答］池田市立図書館

参考にした本

『月の科学「かぐや」が拓く月探査』青木満［著］ベレ出版 2008／『夜空と月の物語』パイインターナショナル 2014／『月学 伝説から科学へ』稲葉茂勝［著］縣秀彦［監修］今人舎 2017／『月の満ちかけ絵本』大枝史郎［文］佐藤みき［絵］あすなろ書房 2012／『いちばん近くてふしぎな星 月の大研究 すがた・動き・人とのかかわり』縣秀彦［監修］PHP研究所 2009

Question 24
サンタさんはどこに住んでいますか？

A. フィンランドという国に住んでいるようです。

ある年のクリスマスイブ当日。5歳くらいの男の子からの質問でした。

サンタクロースについて調べるために、司書はまず、図書館で使われる分類法でいう「年中行事・祭礼」「地理・地誌・紀行」の棚で資料を探してみました。

また、この日はちょうど季節展示棚でサンタクロースにかんする児童書を集めて展示していたので、そこからも探しました。

見つかったのは計7冊。このうち、①『改訂新版 辞書びきえほん世界地図』、②『クリスマスはスゴイ!!』、③『サンタの博物誌』、④『サンタクロースと小人たち』では、**サンタクロースは「フィンランド」という国に住んでいる**、と書かれています。

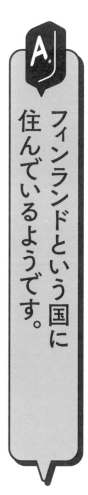

①ではフィンランドについて〝トナカイが放牧され、サンタクロース村があることで有名〟とあります。司書は世界地図をお子さんに見せながら「日本はここ」「フィンランドはここ」と示しました。

②には〝もともとは、3世紀に実在した聖ニコラスが、サンタクロースと呼ばれるようになったといわれています〟という話が載っていて〝フィンランドのロバニエミから北へ8㎞行くと、北極圏に入ります。ここにはサンタクロース村があり、一年中サンタクロースが仕事をしています〟〝1968年、ロバニエミにサンタクロース村を作り、ここで仕事をするようになった〟とあります。

③には〝かつては北極のノースポール付近に住んでいた〟〝この地に移り住んだのは1920年代初頭のこと〟〝現住所 フィンランド コルバトゥントゥリ SF9999〟とあります。

④では〝オーロラのみえる国フィンランドのとおい北のはずれに、コルバトントリという山がそびえています。ふもとには、工場や倉

2005／⑥『サンタのサムタンさん』溝江玲子［作］ 亀田佳江［絵］ 東京経済 1994／⑦『サンタクロース公式ブック』パラダイス山元［著］ 小学館 2007

庫や飛行場のあるとてもふしぎな村があります〟〝ここには、子どもたちの大すきな白いひげのおじいさんサンタクロースが、なん百人もの小人やトナカイにかこまれてくらしているのです〟とサンタクロースの日常生活を描いています。

また、フィンランドと明言していない本もあり、⑤『だれも知らないサンタの秘密』には〝サンタさんの家は北極にあります〟、⑥『サンタのサムタンさん』には〝とっても遠いところ〟〝北でもいっとう寒いところで、となかいたちとくらしている〟とあります。

さらに〝北極に近いグリーンランド〟としている資料も見つかりました（⑦『サンタクロース公式ブック』）。いずれにしても北極であることは間違いないようです。

これらの資料を見せると、お子さんは「フィンランド」と「サンタクロース村」をメモして帰っていきました。

［回答］伊丹市立図書館 本館「ことば蔵」

紹介した本

①『改訂新版 辞書びきえほん世界地図』陰山英男［監修］ ひかりのくに 2017／②『クリスマスはスゴイ!!』クレヨンハウス 1993／③『サンタの博物誌』葛岡博［絵］ 増田竜治［文］ 高橋友茂［構成］ アートデイズ 1995／④『サンタクロースと小人たち』マウリ＝クンナス［作］ いながきみはる［訳］ 偕成社 1982／⑤『だれも知らないサンタの秘密』アラン・スノウ［さく］ 三辺律子［やく］ あすなろ書房

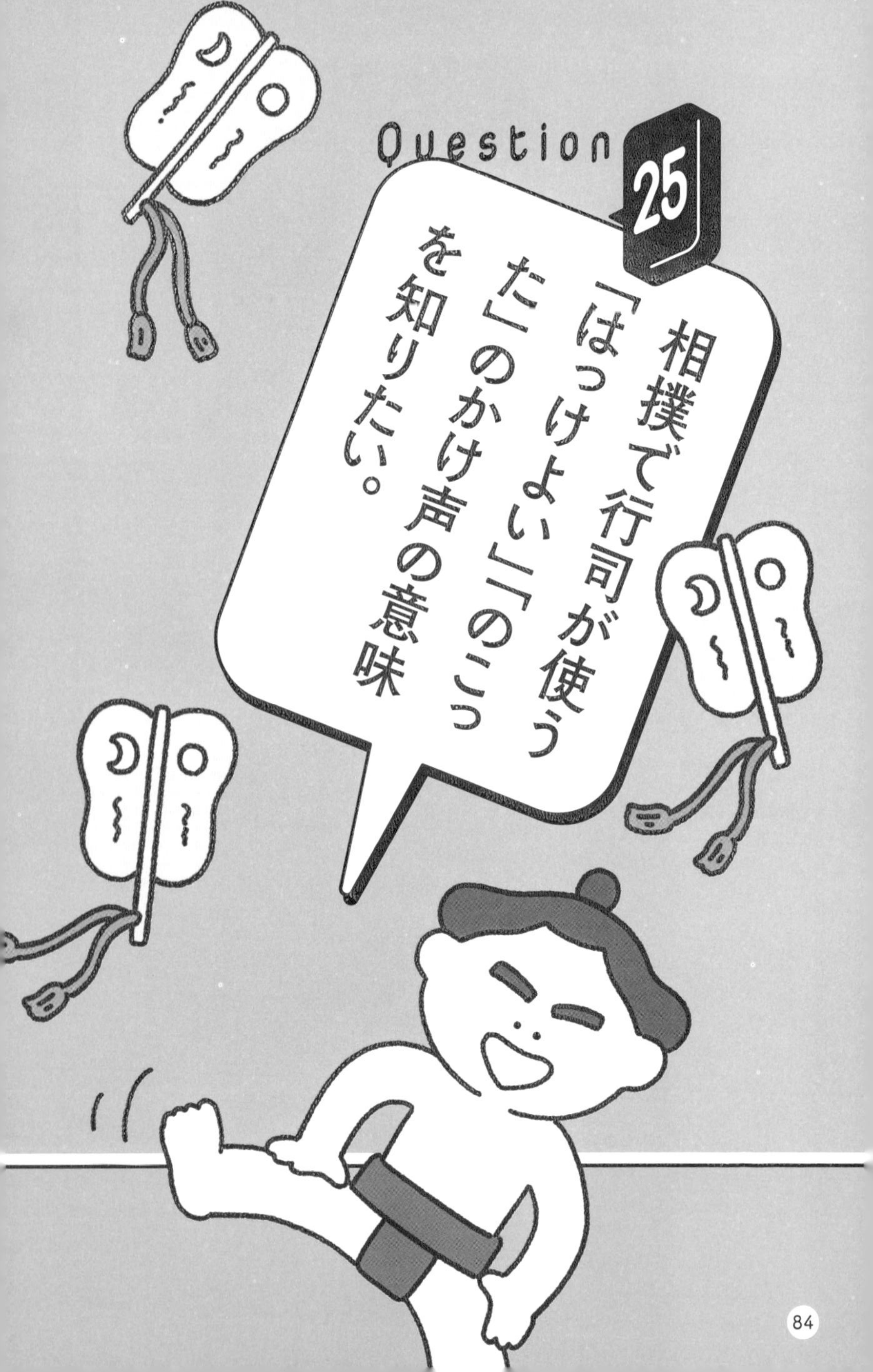
Question 25
相撲で行司が使う「はっけよい」「のこった」のかけ声の意味を知りたい。

A. 「がんばれ！」と力士に気合を入れているようです。

小学生からの質問でした。

行司のかけ声「はっけよい」「のこった」について調べるために、司書はまず、図書館で使われる分類法でいう「相撲・拳闘・競馬」の棚をながめて、資料がないか探してみました。

見つかったのは計4冊で、①『みんなの相撲大全1 大相撲を楽しもう！』、②『世界のスポーツ4 アジア』、③『さあ、はじめよう！日本の武道3 相撲』、④『はじめての大相撲』です。

「はっけよい」について、①では〝動きが止まった時に、「発気揚々《はっきようよう》（気を盛んに出す）」と、うながす〟言葉とあります。また、「のこった」は〝動いている時に「まだ勝負がついていない」と伝える意味がある〟とのことです。

②にも同様に「はっきよい」は〝「発揮揚々《はっきようよう》」（気分を高めて勝負せよ）の意味〟、「のこった」は〝技がかかっているがまだ勝負はついていないという意味〟とあります。

③もやはり同様ですが、とくに力士の動きに注目し、「はっけよい」は〝二者が動かないときにかける声〟、「のこった」は〝二者が動いているときにかける声〟とあります。

④は、子どもにもわかりやすい簡単な言葉で説明されていて〝力士は、お互いの目と呼吸だけでぶつかるタイミングを決める。この立合いが勝敗を決めることもある。「はっきよい」は「さあ、がんばれ」。「のこった」は「どちらが残るか」。このかけ声で、力士は気合をいれて相手にぶつかる〟とあります。

ちなみに、本によって「はっけよい」「はっきよい」、もとの言葉の漢字も「発気揚々」「発揮揚々」のふたつがありました。

〔回答〕**岡山県立図書館**

参考にした本

①『みんなの相撲大全1 大相撲を楽しもう！』デーモン閣下［監修］ 教育画劇 2018／②『国際理解に役立つ 世界のスポーツ4 アジア』友添秀則［監修］ 学研 2005／③『さあ、はじめよう！日本の武道3 相撲』日本相撲連盟［監修］ こどもくらぶ［編集］ 岩崎書店 2010／④『はじめての大相撲』舞の海秀平［監修］ 小野幸恵［著］ 岩崎書店 2003

Question 26

「乳牛」と「牛乳」のように、前後を入れ替えても意味が通る二字熟語が知りたい。

A. 国語辞典や漢字の雑学の本で調べてみましょう。

小学生からの質問でした。

二字熟語について調べるために、司書はまず児童コーナーへ行き、図書館で使われる分類法でいう「言語」の棚で資料を探してみました。見つかったのは計3冊で、①『小学生の新レインボー漢字読み書き辞典』、②『漢字の大常識』、③『新レインボー小学国語辞典』です。

①には「花火・火花」「運命・命運」「外野・野外」など20点、②には「先祖・祖先」「相手・手相」「火口・口火」など9点、③には「左右・右左」「長身・身長」「会議・議会」など15点が載っています。

さらに、大人向けの本にも載っていないか探してみたところ、見

書店 2003／⑤『おもしろ日本語ブック』靍岡昭夫［著］ 福武書店 1983／⑥『ザ・漢字力 母の乳房がタテに並ぶわけ』加納喜光［著］ 小学館 2003／⑦『おもしろ漢字雑学事典 楽しみながらどんどん漢字に強くなる』漢字面白倶楽部［編］ ベストブック 1983／⑧『実力診断 あなたも漢字大博士』靍岡昭夫［著］ 実業之日本社 1981

つかったのは計5冊で、④『現代の漢字』、⑤『おもしろ日本語ブック』、⑥『ザ・漢字力』、⑦『おもしろ漢字雑学事典』、⑧『実力診断 あなたも漢字大博士』です。

④には「長所・所長」「現実・実現」など21点、⑤には「学科・科学」「留保・保留」など26点、⑥には「学力・力学」「星図・図星」など26点、⑦には「情熱・熱情」「産物・物産」など10点、⑧には「名人・人名」「父親・親父」など41点が載っています。

2冊以上の本に重複して載っているものも含めて、のべ168点が見つかりました。

ところで「前後・上下を入れ替えても意味が通る二字熟語」は、なんとよぶのか？　どの本も〝ことばがさかだち〟〝上下がかわって、へんし～ん〟〝前後入れかえて別語に〟〝漢字さかさことば〟といった表現で紹介し、とくに決まったよび名はないようでした。

［回答］名古屋市山田図書館

参考にした本

①『小学生の新レインボー漢字読み書き辞典 オールカラー 第5版』矢澤真人［監修］学研教育出版 2012／②『これだけは知っておきたい！15 漢字の大常識』黒沢弘光［監修］神林京子・五十嵐清治［文］ポプラ社 2005／③『新レインボー小学国語辞典 改訂第4版 小型版』金田一春彦・金田一秀穂［監修］学研教育出版 2011／④『朝倉漢字講座3 現代の漢字』前田富祺・野村雅昭［編集］朝倉

Question 27

いつから針と糸をつかって服をぬうようになったのか？

A. 旧石器時代、縄文時代など、諸説あるようです。

小学4年生からの質問でした。

司書はまず、児童書コーナーへ行き、図書館で使われる分類法でいう「家政学」の棚でファッションや裁縫の本を手に取ってみましたが、服のはじまりについて書かれた本は見つかりませんでした。

そこで、「歴史」の棚や、昔の暮らしにかんする本が集まっている「衣食住の習俗」の棚でも探してみました。

見つかったのは、①『衣食住の歴史』、②『日本の服装の歴史1』、③『日本人は何を着てきたか』の計3冊です。

①には、土偶《どぐう》などから予想した縄文時代の服装が載っているほか、遺跡から多数の針が見つかっていること、弥生時代に機織《はたお》りの技術が伝わって貫頭衣《かんとうい》（大きな布の中央に穴をあけ、両わきをぬい、頭

からかぶる）がつくられたことが紹介されています。巻末には、時代ごとの衣類の変化にかんする年表もあります。

②には〝頭シラミ〟の化石から人類が衣服を着るようになったのは7万2000年前（編集部注：旧石器時代）と予想されること、5万年前の中国の遺跡から針が出土していることが紹介されています。ちなみに土偶については、服装を表しているのか、入れ墨なのか諸説あるそうです。②の説明はくわしいですが、児童にはやや難しそうでした。

そして③には〝日本最古の布〟とされる編布《あんぎん》が北海道から出土したこと、編布や馬の骨を使った針についての説明があり、出土したポシェットなどの写真が載っています。

こうして、裁縫のはじまりとされる時代には諸説あることがわかりました。

［回答］塩尻市立図書館

紹介した本

①『ポプラディア情報館 衣食住の歴史』西本豊弘［監修］ポプラ社 2006／②『ビジュアル 日本の服装の歴史1 原始時代～平安時代』増田美子［監修］ゆまに書房 2018／③『調べて学ぶ日本の衣食住 衣 日本人は何を着てきたか』福原美江［著］大日本図書 1997

Question 28

イルカの呼吸方法について知りたい。

A. イルカは顔を水上にあげて、鼻で呼吸します。

小学1～2年くらいの児童からの質問でした。

司書はまず、館内OPACでキーワード「イルカ」で検索。また、児童コーナーの、図書館で使われる分類法でいう「動物」「哺乳類」の棚で、イルカの本や動物のからだにかんする資料がないか探してみました。見つかったのは計5冊で、①『イルカ』、②『どうぶつの鼻』、③『動物のふしぎ』、④『クジラ・イルカのなぞ99』、⑤『イルカ 海でくらす哺乳類』。すべて児童書で、写真入りです。

①には、イルカは哺乳類なので魚とはちがって〝ときどき海面にでて空気を呼吸する〟〝鼻のあなは、頭の上のほうにある〟〝泳ぎながら頭をすこしだすだけで呼吸ができる〟などとあります。

②には、イルカの鼻は〝あなが一つ〟〝いきをする〟ことがおも

[著] 水口博也［監修］あかね書房 2011

な機能で〝においをかぐ力〟はほとんどない、とあります。
③には〝クジラのなかまは肺呼吸をしますが、水面や水中で眠ります〟〝じっとしたまま波にただよいながら眠ったり、ゆっくり泳ぎながら眠ったり〟〝水中で眠るときには、眠りの間隔がとても短く、数分ごとに目を覚まして水面に頭部を出し、呼吸をします〟などとあり、バンドウイルカは〝脳の右側と左側を交互に休ませて、半分ずつ眠っている〟とくわしい説明が載っています。
さらに④には、鼻から海水が入らないよう〝脳の一部をつねに目覚めさせ〟ている、そして⑤には、ふだんイルカの鼻のあなはふさがっていて〝呼吸をするとき、海面に出る直前にいきおいよく息をはき出すので、水しぶきが上がる〟〝1回の呼吸で肺の空気のほとんどを入れかえる〟などとあります。
こうしてイルカは「水上で」「鼻で」呼吸するとわかりました。

〔回答〕名古屋市瑞穂図書館

参考にした本

①『ぼくら地球のなかまたち1 イルカ』水口博也［文・写真］アリス館 2010／②『どうぶつのからだ2 どうぶつの鼻』ネイチャー・プロ編集室［編著］偕成社 2010／③『ポプラディア情報館 動物のふしぎ』今泉忠明［監修］ポプラ社 2008／④『クジラ・イルカのなぞ99 世界の海をめぐる写真家が答えるクジラの仲間のふしぎ』水口博也［文・写真］偕成社 2012／⑤『イルカ 海でくらす哺乳類』南俊夫

Question 29

手をかざすと自動的に水が出るしくみについて知りたい。

A. 手の赤外線に反応して蛇口から水が出るようです。

小学5年生からの質問でした。学校の総合の授業（ユニバーサルデザイン）で、もののしくみを調べる課題が出て、手をかざすと自動的に水が出るしくみ（自動水栓）について調べたいと思ったそうです。

司書はまず、『総合百科事典ポプラディア6』をひらいてみました。「センサー」の項目に〝自動で水が出る水道や自動ドアは、赤外線で感知している〟と書かれています。

そこで、資料検索機（職員用OPACのようなもの）で、「センサー」「赤外線」「ユニバーサルデザイン」などのキーワードで検索。また、科学の不思議やもののしくみについて書かれた児童書をひらいて調べてみました。

「自動水栓」「センサー式蛇口」について書かれている児童書は、①『リモコンのふしぎ』、②『名探偵コナン理科ファイル デジカメで自由研究!』、③『ユニバーサルデザインとバリアフリーの図鑑』、④『そこが知りたい! 発明と特許1』など、計5冊です。

①では、リモコンと同様に赤外線(「赤外光」ともいう)を使う装置として、自動水栓や自動ドアのしくみを紹介しています。

②には、赤外線を撮影する実験が載っているほか、赤外線を使った身近なものとして、自動で水が出る蛇口やエレベーターの扉の安全確認などがある、と書かれています。

③には、トイレ内の工夫として自動水栓が挙げられていて〝水道の栓をひねる必要がないので、手や腕に障がいのある人や、栓に手がとどきにくい人はもちろん、だれもが使いやすい〟との解説が。また、センサーを使った装置として、自動開閉・自動洗浄のトイレも紹介しています。

ぶ[編] 筑摩書房 2019/⑤『図解入門 よくわかる最新センサーの基本と仕組み』高橋隆雄[著] 秀和システム 2011/⑥『トコトンやさしいセンサの本 第2版』山﨑弘郎[著] 日刊工業新聞社 2014 ほか

④では〝センサー式蛇口〟を紹介。握力の弱い人や手に障がいがある人に使いやすいほか〝公共のトイレでは蛇口にふれずに手を洗えるので衛生的〟とあります。

また、大人向けの本ですが、比較的わかりやすく書かれている本も見つかりました。⑤『よくわかる最新センサーの基本と仕組み』、⑥『トコトンやさしいセンサの本』の計2冊です。

⑤には、省エネのために自動水栓が公共の場所で多く使われていること、自動ドアと似た人感センサーが使われていることなどが書かれています。

⑥には〝手から出る赤外線をセンサが検知〟〝水栓の中には、接近する人体が光を遮断することを利用して接近を検出するものもあります〟と書かれています。

⑤⑥は児童に「大人といっしょに読んで参考にしてください」と伝えて紹介しました。

［回答］練馬区立練馬図書館

参考にした本

『新訂版 総合百科事典ポプラディア6 す・せ・そ・た』ポプラ社 2011／①『かがくだいすき リモコンのふしぎ』大竹三郎［文・写真］大日本図書 2002／②『名探偵コナン理科ファイル デジカメで自由研究！』青山剛昌［原作］小学館 2011／③『ユニバーサルデザインとバリアフリーの図鑑』徳田克己［監修］ポプラ社 2013／④『そこが知りたい！ 発明と特許1 発明・特許ってなんだろう？』こどもくら

Question 30

鳥にはまぶたがふたつあると聞きました。ほんとうですか？

A ほんとうです。瞬膜《しゅんまく》というまぶたです。

小学5年生からの質問でした。

司書はまず、児童室の棚をながめて鳥類の本を何冊か確認しましたが、答えが載っている本は見つかりませんでした。

そこで、一般室（大人向けの本の部屋）へ。『世界鳥類大図鑑』で〝瞬膜《しゅんまく》〟という言葉を見つけました。この言葉を『世界大百科事典』で調べてみると、瞬膜とは、第三眼瞼《がんけん》（3つめのまぶた）ともよばれる膜のことで、上下に開閉するまぶたとは異なり、水平方向に動いてゴミやほこりを取り除く役割があるようです。

ほかに、インターネットで「瞬膜」で検索してヒットした画像も児童に紹介しました。

［回答］北九州市立中央図書館

参考にした本

『世界鳥類大図鑑』バードライフ・インターナショナル［総監修］ネコ・パブリッシング 2009／『改訂新版 世界大百科事典13』平凡社 2007

Question 31

「一」「二」「三」と漢字で書くが、「四」という漢字はなぜ四本の横線ではないのか？

A. 三本線と四本線がまぎらわしいためのようです。

小学2年生からの質問でした。学童保育で話題になり、気になったそうです。

漢字の「四」について調べるために、司書はまず、辞書の棚へ向かいました。①『大漢和辞典 巻3』の「四」の項目には、

〝口は四方・四隅の形に象り、八は之を分かつ意〟

〝二を二つ重ねて四の意を表はす〟（原文ママ）

とありますが、少し難しい印象です。

より具体的に理解できるよう、図書館で使われる分類法でいう「音声・音韻・文字」の棚で資料を探すことに。見つかったのは②『漢字なりたち図鑑』、③『漢字の成立ち辞典』、④『漢字字形史小字典』です。

②によると「四」は漢字の「口」に〝分かれる〟を意味する「八」を組み合わせたもの。

③にも同様に〝囗（区画を示す符号）＋八（分けることを示す符号）を暗示させる（会意《かいい》文字）〟とあります。

さらに、④によれば、四は〝当初は四本の横線で表示された指事《しじ》文字であったが、この形は秦《しん》代以降に使われなくなった〟、理由はおそらく三本線と四本線がまぎらわしいためであろう、とあります。〝東周《とうしゅう》代に楷書の「四」の原型が用いられるようになった〟とあり、図説入りで、成り立ちについても説明が載っています。

こうして、秦代以前には四本線で書かれていたことがわかりました。ただし④は禁帯出《きんたいしゅつ》（貸し出し禁止）資料のため、児童には、必要なページのコピーをとってくださいと案内しました。

〔回答〕蒲郡市立図書館

参考にした本

『大漢和辞典 巻3』諸橋轍次［著］大修館書店 1960／『漢字なりたち図鑑 形から起源・由来を読み解く』円満字二郎［著］誠文堂新光社 2014／『漢字の成立ち辞典』加納喜光［著］東京堂出版 1998／『漢字字形史小字典』落合淳思［著］東方書店 2019

Question 32

どうして眠っているときに夢をみるのか？
夢とはなにか？

A. 諸説ありますが、まだよくわかっていないようです。

小学4年生からの質問でした。

夢をみる理由について調べるために、司書はまず、①『総合百科事典ポプラディア16』をひらきました。「夢」の項目に〝眠っている間に見る幻覚〟とあります。

つづいて児童書コーナーへ行き、図書館で使われる分類法でいう「基礎医学」「衛生学.公衆衛生.予防医学」の棚で資料を探してみました。見つかったのは計4冊で、②『目で見る脳の働き』、③『寝るのが楽しくなる睡眠のひみつ』、④『睡眠がよくわかる事典』、⑤『すいみんのひみつをさぐろう!』です。

②では夢の材料や悪夢の正体などにふれ、夢をみる理由はまだ不明としながら、記憶を蓄える説、日中の経験を仕分けする説、寝て

『調べよう! 実行しよう! よいすいみん1 すいみんのひみつをさぐろう!』神山潤[監修] 岩崎書店 2014

いるときに聞いた音や抱いた感情が夢を生みだす説が載っています。
　③も同じく理由はまだ不明としながら、夢をみている間に脳内で集めた情報を分析・整理している、とあります。ほかにも夢の色や、ひと晩で何回夢をみるかなどにふれています。②③はどちらもビジュアルが豊富で楽しいのですが、少し調べにくい印象がしました。
　④によると、夢とは〝起きている間の情報を記憶として定着させる過程〟説が以前は支持されていたが、最近は〝眼球が動いて脳が刺激されて引き出された映像〟説が唱えられている、とあります。ほかに、動物は夢をみるか、変な夢をみる理由などにもふれています。
　そして⑤には、レム睡眠時に夢をみる、夢の内容がどう決まるかは不明、解明されればノーベル賞といわれている、などとあります。
　ほかに大人向けの本も2冊紹介しましたが、内容が専門的すぎて難しそう。④がいちばん調べやすく、児童に好評でした。

［回答］塩尻市立図書館

参考にした本

①『第3版 総合百科事典ポプラディア16』ポプラ社 2021／②『目で見る脳の働き 感じる心・考える力』ロバート・ウィンストン［著］町田敦夫［訳］さ・え・ら書房 2011／③『寝るのが楽しくなる睡眠のひみつ』ヴィッキー・ウッドゲート［文と絵］山崎正浩［ほん訳］創元社 2022／④『眠りは脳と心の栄養！ 睡眠がよくわかる事典 早起き・早寝で元気になれる』神山潤［監修］PHP研究所 2008／⑤

Question 33

おにぎりの形はなぜ三角形が多いのか？

A.「山の形をまねた」など、さまざまな説があります。

小学生からの質問でした。

おにぎりに三角形が多い理由について調べるために、司書はまず、業務用パソコン（職員用OPACのようなもの）で「おにぎり」「おむすび」「米」などのキーワードで検索。また、図書館で使われる分類法でいう「食品．料理」の棚もながめて資料を探してみました。

見つかったのは計3冊で、①『日本の「なぜ?」に答えるお話100』、②『お米からそだてるおにぎり』、③『おにぎり』です。

おにぎりに三角形が多い理由について、①にはいちばんくわしい説明が載っていて、次のようにあります。

〝いろいろな説のうち、「山のかたちをまねた」というものがよく知られています。昔の人たちは、「山には神様がすんでいる」とか、「神様は空から地上にくるとき、まず山の頂上におりる」と考えていました。これがいつしか「山は神様」となりました。つまり、山のかたちは、神さまのかたちでもあるわけです〟

また、おにぎりのもうひとつのよび名「おむすび」は、「つなぐ」「強い関係をつくる」という意味の「結ぶ」からきていること、神さまとつながるため、神さまのパワーをからだに取りこむために三角形ににぎられることなどが説明されています。

ほかに〝かどがあると食べやすいので三角形になった〟との説や、〝三角形ににぎったものがおむすびで、そのほかのかたちが自由なものがおにぎり〟との説もあるようです。

②にも①と似た説が載っていますが、くわしく読むと〝山の神さまの名前が「むすびのかみ」だったから、「おむすび」とよぶようになった〟〝「おむすび」とよべるのは三角形ににぎったものだけ〟とあります。

③では、おにぎりに三角形が多い理由について①や②とは異なる視点で説明されていて〝たきだしや、人がおおぜい集まるときなどにも、おなじ大きさににぎりやすく、運びやすい〟〝すき間なくつめられる〟〝形がそろうので、ならべやすい〟〝同じ量のごはんだと、三角形がいちばん大きく見えるので、売るとき有利〟などとあります。

さらに〝明治時代の国定教科書のさし絵で、三角のおにぎりが描かれてから、『さるかに合戦』のおにぎりは三角形になり、全国的に広まった〟という説も載っています。

こうして、三角形の理由にはさまざまな説があることがわかりました。

〔回答〕岡山県立図書館

参考にした本

①『日本の「なぜ?」に答えるお話100　伝統・文化から世界一の技術まで』PHP研究所 2016／②『おいしいごはんができるまで1　お米からそだてるおにぎり』真木文絵［文］ 石倉ヒロユキ［写真・絵］ 偕成社 2015／③『発見！体験！日本の食事5　おにぎり』次山信男［監修］ ポプラ社 2002

Question 34

「雷が鳴るとおへそをとられる」と昔から言いますが、どうしてですか？

A. お腹を冷やさないためなど4つの説があるようです。

小学生からの質問でした。

この迷信について調べるために、司書はまず資料検索機（職員用OPACのようなもの）で「かみなり」「へそ」などのキーワードで検索。ヒットした資料のほか、天気や伝承にかんする資料も探してみました。

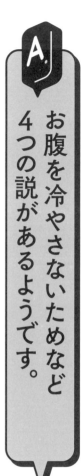

見つかったのは計6冊で、①『親子で読みたいお天気のはなし』、②『おへそのひみつ』、③『カミナリさまはなぜヘソをねらうのか』、④『知っとく！なっ得！ものしりブック』、⑤『ちちんぷいぷい』、⑥『イラスト日本の迷信・妖怪事典2』です。

これらによると、「雷が鳴るとおへそをとられる」と言われるようになった理由には、大きく分けて次の5つの説があることがわかりました。

説1．子どものお腹を冷やさないため。夏の暑い日に雷がくると、急に気温が下がり、お腹を冷やす恐れがある。そこで、裸でいる子どもに着物を着せようとして「雷が鳴ると……」と言うようになった、という説です。①〜④と⑥に載っています。

説2．安全のため。雷は高いところに落ちやすいので、安全な低い姿勢をとる必要がある。そこで、「雷が鳴ると……」と言えば、へそを隠すときに頭の位置が低くなる、という説です。④に載っています。

説3．雷神図が由来。中世以降に描かれる雷神図には、なぜかりっぱなへそをもった半裸の雷神が描かれることが多く、そこから「雷

『ちちんぷいぷい 「まじない」の民俗』神崎宣武［著］小学館 1999／⑥『イラスト日本の迷信・妖怪事典2 ゆかいがいっぱい！』高村忠範［文・絵］汐文社 2002

神はへそをよく食べる」という流言が生じて俗信と化した、といったことが⑤に載っています。

説4．雷への恐怖のため。平安時代に菅原道真《すがわらのみちざね》公が左遷されて死去すると、疫病や落雷死などが相次ぎ、道真のたたりではないかと恐れられた。霊をしずめようと、御霊《ごりょう》として道真が京都の北野天神（天満宮）に祀《まつ》られることになった。そのなかで雷と道真が結びつき〝雷神〟として信仰されるようになった。雷は〝雷神の怒りの表れ〟と考えられ、雷への恐怖がまじないを生み、それが広く信じられるようになった、という説です。⑤⑥に載っています。

説5．中国からきた陰陽五行の考えにもとづくもの。この説は③に載っています。

〔回答〕練馬区立南大泉図書館

参考にした本

①『親子で読みたいお天気のはなし』下山紀夫・太田陽子［著］ 東京堂出版 2009／②『かがくのとも絵本 おへそのひみつ』やぎゅうげんいちろう［作］ 福音館書店 2000／③『カミナリさまはなぜヘソをねらうのか』吉野裕子［著］ サンマーク出版 2000／④『200のふしぎがすいすいわかる 知っとく! なっ得! ものしりブック』テレビ朝日「知っとく! なっ得!」スタッフ［著］ 朝日新聞出版 2013／⑤

stion
35
除夜の鐘は、なぜ108回鳴らすのか？

A. おおみそかの夜に煩悩《ぼんのう》をはらって新年を迎えるためです。

小学5〜6年くらいの児童からの質問でした。

除夜の鐘について調べるために、司書はまず、業務用パソコン（職員用OPACのようなもの）で「除夜の鐘」「大晦日《おおみそか》」などのキーワードで検索。また、図書館で使われる分類法でいう「年中行事・祭礼」の棚もながめて、資料を探してみました。

見つかったのは計4冊で、①『親子でたのしむ日本の行事』、②『きせつのぎょうじえほん』、③『イラストでわかる日本の伝統行事・行事食』、④『かこさとし こどもの行事 しぜんと生活 12月のまき』。

除夜の鐘について、①には〝仏教において、人間がもつと考えられている一〇八の煩悩《ぼんのう》をとりはらうために鳴らす〟〝煩悩とは、欲や人に対する怒りなどのこと〟とあります。②にも同様に〝人間には百八のなやみやくるしみがあるといわれ、それをはらうために、大みそかの夜、寺で百八回のかねをつきます〟と載っています。

③では「除夜」という言葉に注目し〝除夜は、古い年が押しのけられる夜という意味〟〝１０７回目は「最後の宣命《せんみょう》」といい、ゆく年の最後の鐘です。１０８回目は「最初の警策」といい、新年の最初に、煩悩にまどわされないようにつかれます〟とあります。

④にもやはり〝一〇八というのは、人間がいきているときにあらわれる煩悩（まよい）の数など〟とあります。

そして、１０８という数字が出てきた理由として、④では３つの説を挙げて〝四苦八苦から４×９＋８×９＝１０８〟〝1年をあらわす12か月、24節気、72候から12＋24＋72＝１０８〟などと紹介。③ではまた別の説として〝六根〟〝三不同〟〝感じ方の程度〟〝三世〟をもとに１０８になる計算式を簡単な図入りで紹介しています。

〔回答〕**岡山県立図書館**

参考にした本

①『親子でたのしむ日本の行事』平凡社 2014／②『きせつのぎょうじえほん』山本祐司［絵］小学館 2014／③『イラストでわかる日本の伝統行事・行事食』谷田貝公昭［監修］坂本廣子［著］合同出版 2017／④『かこさとし こどもの行事 しぜんと生活 12月のまき』かこさとし［文・絵］小峰書店 2012

Question 36
水はどうして地球にはりついているの？

A. 引力がはたらいているからです。

雪の日がつづいたある日のこと。

私立図書館の児童室にやってきた小学3年生が、写真絵本『あんな雪こんな氷』を見ながら、「おもしろい！　雪って、いろんな形があるんだ！」と、つぶやきました。

司書は、そのつながりでもう一冊、3年生には少し難しいだろうと思いつつも『ひとしずくの水』を差し出しました。この本は、水滴や湯気、雪の結晶など、さまざまに変化する水の一瞬をとらえた写真絵本です。

児童のとなりに座り、難しそうなところは司書が補いながら、いっしょに読み進めました。

最後のページには、水をたたえた地球が宇宙の暗闇に浮かぶ、美しい写真が載っています。

その写真を見て児童から寄せられたのが、

「水はどうして地球にはりついているの？」

という質問でした。

児童のさらなる好奇心を満たしてあげたい。そう考えた司書は、「天文学」と「地球科学」の棚から、科学絵本『地球はまるい』『地球』などを選び、児童といっしょに質問の答えを探っていきました。

それらの本のうち、とくに『地球はまるい』には、「引力」がはたらいて、すべてのものを地球の中心へ引きつけている、といったことが書かれています。

すべてを理解できなかったかもしれない、と思いながらも、水と地球の神秘にふれた児童の表情がとても印象に残った司書でした。

〔回答〕東京子ども図書館

一冊の本をきっかけに、本の世界が広がりました

参考にした本

『あんな雪こんな氷』高橋喜平［文・写真］講談社 1994／『ひとしずくの水』ウォルター・ウィック［作］林田康一［訳］あすなろ書房 1998／『地球はまるい』アンソニー・ラビエリ［ぶん・え］佐野健治［やく］福音館書店 1967／『地球 その中をさぐろう』加古里子［ぶん・え］福音館書店 1975 ほか

Question 37

しゃぼん玉をぬれた手で触ると割れないのはなぜか？

A. ぬれた手と石鹸《せっけん》水の膜がつながるからです。

小学1年生からの質問でした。夏休みの自由研究のテーマを探すなかで、しゃぼん玉に興味をもったようです。

司書はまず、館内OPACでキーワード「しゃぼん玉」で検索し、知識絵本の棚や、図書館で使われる分類法でいう「科学教育」「物理化学・理論化学」の棚で、しゃぼん玉にかんする資料6冊を見つけました。これらを見つつ、児童といっしょに答えを探すことに。

しかし、大きな泡（しゃぼん玉）や割れにくい泡のつくり方などは載っていても「ぬれた手で触ると割れないのはなぜか」という疑問への直接の答えはなく、児童は興味を失ってしまいました。

その後、司書があらためて資料を探してみると、新たに①『たのしい科学実験365日』、②『しゃぼん玉の実験』を見つけました。

①には石鹸《せっけん》水を使った実験が16個載っています。そのひとつが「泡の中の泡の中の泡」という実験で、泡スタンド（しゃぼん玉を固定する、プラスチックのコップなど）を水でぬらし、大きな泡をくっつけ、大きな泡のなかに石鹸水に浸したストローを差しこんで小さな泡をふくらませる、というものです。〝ぬれたものなら、泡の膜を破らずに泡の中に入ることができます。ぬれた表面が石鹸の膜にふれると、ひとつにつながるのです〟とあります。ようやく直接の答えがわかりました。

また②では、かわいた指で触ると割れる理由を〝石けんのまくがとてもうすいから〟〝かわいたものがさわると、石けんのまくがそれにくっつこうとして、しゃぼん玉の表面がひっぱられ、破裂してしまう〟と説明。ただし小学1年生には少し難しい本であるため、児童に「大人に読んでもらうように」と伝えて貸し出しました。

〔回答〕千葉県立中央図書館

紹介した本

①『たのしい科学実験365日』E.リチャード・チャーチル［共著］飛鳥新社 2010／②『やさしい科学 しゃぼん玉の実験』ベルニー・ズボルフスキー［著］さ・え・ら書房 1987

Question 38

ガラスはなぜ割れやすいのですか?

A. キズが入りやすく、そこから割れ目が広がるためです。

小学3年生からの質問でした。国語の授業でレポートの課題が出て、ガラスについて調べることにしたそうです。

司書はまず、①『きっずジャポニカ』などの百科事典をひらいてみました。①の「ガラス」の項目には〝透明感があり、固いけれども割れやすい〟とありますが、なぜ割れやすいのかはいまいちはっきりとしません。ほかの百科事典も同様でした。

①では、参考図書として②『鉄より強いガラスがあるの？』を紹介。ガラスのメカニズムをインターネットや図書館、博物館、大学の研究者にたずねて調べ、その過程ごと記した本です。あいにく、この学校には置いていませんでしたが、司書は相互貸借（図書館同士で貸し借りできるサービス）で市立図書館から取り寄せることに。

ほかにもないか、児童といっしょに、図書館で使われる分類法でいう「工業」の棚や理科系の本棚を見て回りましたが、やはり割れやすい理由はわかりません。「自然科学」の棚で見つけた③『科学のふしぎな話３６５』では、強化ガラスとふつうのガラスの違いをイラスト入りで説明。児童の質問に直接答えるものではありませんが、司書は、当日渡せるなかではいちばん近いと判断して紹介しました。

後日、取り寄せた②によると〝ガラスは、小さな小さなキズがはいりやすい。そして、いったんキズがはいると、ちょっとした力がはたらいただけで、その力が集中して、原子の並びがずれてしまうので、すぐにそこからわれ目が広がってしまう。しかも、そのわれ目は、さかい目がないために途中でとぎれない〟とのこと。さらにガラスの共有結合とイオン結合についてなど、かなり専門的な情報も載っています。こうして、ガラスが割れやすい理由がわかりました。

［回答］牛久市立学校図書館

参考にした本

①『新版 小学百科大事典 きっずジャポニカ』尾木直樹・平田オリザ・福岡伸一［監修］小学館 2013／②『調べるっておもしろい！ 鉄より強いガラスがあるの？』小野蓉子［著］アリス館 2000／③『好奇心をそだて考えるのが好きになる 科学のふしぎな話365』日本科学未来館［監修］ナツメ社 2012
＊牛久市では市立図書館と小・中義務教育学校すべての図書館で相互貸借可

Question 39

スイカの種に白と黒があるのはなぜか？

A. 成長にしたがって種の色が変わるからです。

小学3年生とその保護者からの質問でした。夏休みの自由研究でスイカについて調べているそうです。「実際に白と黒の種を植えてみて、白い種では芽が出ないことはわかった。以前、図書館で調べたことがあるけれど、もう一度調べてほしい」といいます。

司書はまず、業務システム（職員用OPACのようなもの）で「スイカ」「たね」「すいかのたね」などのキーワードで検索。児童書と一般書、両方の棚で本を探してみました。

見つかったのは①『スイカ・カボチャ』です。この本には〝低温期に成熟した果実では、品種によって、成熟しているのに白種子が混在する〟〝これは胚《はい》の発育不良に伴う種皮の着色遅延によるもの、または粃《しいな》種子である。受精および種子発育条件が充分でないときにあらわれやすい〟とあります。また、スイカの種はふつうは白くて薄く、成熟が進むにつれて黒や茶褐色になることを説明しながら〝未熟な種子は白色で、収穫後も成熟が進むが、「しいな」になる〟ともあります。

この〝しいな〟が気になり、②『日本国語大辞典』を引くと〝しいな（しひな）【粃・秕】①からばかりで実のない籾《もみ》。十分にみのっていない籾。②草木の果実のよくみのっていないもの〟とのこと。

次に、子ども向けサイトに情報がないか探すことに。「コカネット」というサイト内の「今日のはてな　スイカのタネに黒と白があるのはなぜですか？」というページに、色の違いの原因は種を縦に切ってみるとわかる、として次のようにあります。

〝黒いタネの内部は充実しており、しっかりした胚や胚乳が見られます。一方、白いタネには胚や胚乳がほとんど見られませんし、茶色やうす茶色のタネは、胚や胚乳の発達が不完全なものが多いで

しょう〟また、しいなについてもやはり説明があり〝一般に、受粉や花粉の発芽が不完全で受精しなかったタネは、『粃』と呼ばれ、種子内部に胚や胚乳がなく、発芽能力もありません〟とあります。

司書はさらに、ほかの図書館でも似た質問が寄せられたことがあるかもしれない、とレファ協で確認してみることに。香川県立図書館に寄せられた〝スイカの白い種と黒い種について書かれている本は？〟という事例が見つかりました。その回答では、③『スイカの絵本』に粃の説明が出てくることなどを確認しています。

これらの資料からわかったことは、次のとおりです。

――スイカの種は、最初は白くて薄く、成熟が進むにつれて黒や茶褐色などになっていく。成熟したスイカの白い種は、胚（種の中身）の発育不良にともなう種皮の着色遅延によるもの、または粃である。受精や種子発育条件が充分でないときにあらわれやすい。

〔回答〕山梨県立図書館

参考にした本

『野菜園芸大百科 第2版5 スイカ・カボチャ』農文協［編］ 農山漁村文化協会 2004／『日本国語大辞典 第2版6』小学館国語辞典編集部［編］ 小学館 2001／『スイカの絵本』たかはしひでお［へん］ さわだとしき［え］ 農山漁村文化協会 2001／ウェブサイト：子供の科学のWebサイト コカネット

Question 40
どうしてティッシュペーパーは水に溶けないのですか？

A. 水にぬれても破れないように加工しているからです。

小学3年くらいの児童からの質問でした。学校のトイレでティッシュペーパーを流そうとしたら、クラスメイトに「つまるからいけないんだよ」と言われたそうです。

児童は、「どうしてティッシュペーパーは水に溶けないのか？ティッシュペーパーとトイレットペーパーは似ているが、なにが違うか？」と不思議に思ったといいます。

この疑問について調べるために、司書はまず『総合百科事典ポプラディア』の索引で「トイレットペーパー」を探しましたが、見当たらなかったため、「ティッシュペーパー」の項目を確認しました。

それによると〝トイレットペーパーとのちがいは、水にとけにくいこと。両方とも原料はパルプだが、ティッシュペーパーには樹脂がまぜてある。ただし、近年は水にとけるティッシュもある〟とのことです。

次に、端末（職員用ＯＰＡＣのようなもの）でキーワード「トイレットペーパー」で検索してみると、『きれいにふける？ トイレットペーパー』がヒット。

この本には〝トイレットペーパーは水にとけるわけではありません。水につかることで、せんいがほぐれて、ばらばらになるのです。ティッシュペーパーは、水にぬれてもやぶれないように、くすりを入れてつよくしてあります〟とあります。

ほかに、原料であるパルプの作り方、紙の作り方などについての補足資料として『このかみなあに？ トイレットペーパーのはなし』『紙・牛乳パック・布』もあわせて児童に紹介しました。

〔回答〕北九州市立中央図書館

紹介した本

『第3版 総合百科事典ポプラディア11 つてと』ポプラ社 2021／『きれいにふける？ トイレットペーパー』中須賀朗［監修］ ひさかたチャイルド 2009／『このかみなあに？ トイレットペーパーのはなし』谷内つねお［さく］ 福音館書店 2020／『調べようごみと資源2 紙・牛乳パック・布』松藤敏彦［監修］大角修［文］ 小峰書店 2017

Question 41

ポテトチップスの袋がふくらんでいるのはなぜか？

A. 酸化を防ぐため、袋に窒素ガスが入っているからです。

小学生か中学生からの質問でした。

ポテトチップスの袋について調べるために、司書はまず、館内OPACでキーワード「ポテトチップス」で検索。また、図書館で使われる分類法でいう「食品工業」の棚で品質保証や製品管理にかんする資料を、「マーケティング」の棚で食品包装にかんする資料を探してみました。

子ども向けの本で見つかったのは計8冊。ただし、ポテトチップスについて書かれていても袋や包装については書かれていない本がほとんどで、両方の解説が載っているのは①『探検！ものづくりと仕事人 チョコレート菓子・ポテトチップス・アイス』のみ。袋の謎については〝製品が酸化しないように窒素を入れる〟、それによ

刊工業新聞 2016／⑤『今日からモノ知りシリーズ トコトンやさしい包装の本』石谷孝佑・水口眞一・大須賀弘［著］日刊工業新聞社 2010／⑥『機能性包装の基礎と実践』葛良忠彦［著］日刊工業新聞社 2011

り〝ポテトチップスが割れにくくなる〟とあります。

　ほかに、大人向けの本で見つかったのは計5冊で、②『食品加工貯蔵学』、③『新しい食品加工学』、④『食品包装の科学』、⑤『トコトンやさしい包装の本』、⑥『機能性包装の基礎と実践』です。
　②③には、袋のなかの酸素を除いて二酸化炭素や窒素ガスを入れ、食品の酸化を抑える〝ガス置換〟の説明が載っています。
　④には〝ポテトチップスは表面積が大きく油脂の酸化が速いため〟、また〝衝撃を受けても壊れないように〟袋に窒素ガスを多めに入れている、とあり、⑤⑥にも同様のことが書かれています。
　これらの本からわかったことは、次のとおりです。

　――ポテトチップスは油脂を多く含むため、酸化による品質の低下を防ぐ必要がある。包装時にガス置換で袋内に窒素を入れると、酸化を抑えるほか、外力による損傷を防ぐこともできる。

［回答］島根県立図書館

参考にした本

①『探検！ものづくりと仕事人　チョコレート菓子・ポテトチップス・アイス』戸田恭子［著］ぺりかん社 2013／②『スタンダード栄養・食物シリーズ7　食品加工貯蔵学』本間清一・村田容常［編］東京化学同人 2004／③『新しい食品加工学　食品の保存・加工・流通と栄養』小川正・的場輝佳［編］南江堂 2011／④『おもしろサイエンス　食品包装の科学』石谷孝佑［監修］日本食品包装協会［編著］日

Question 42

チューリップの本はどこ？

A. 探してみると、意外な本でした。

4歳の男の子からの質問でした。男の子はこの図書館の常連で、「前に読んだ」とのことですが、司書たちはその子と図鑑やチューリップについての知識の本を読んだ記憶はありません。

男の子は、幼年文学の棚へ行き「このへんにあった」と言います。

みんなでいっしょにその棚を見つめていると……、

「あっ！」

赤い背表紙に、かわいらしいチューリップの絵が目に飛びこんできました。『いやいやえん』です。この絵本は、「ちゅーりっぷ保育園」に通う元気な子どもたちのお話。読みたかった本がようやく見つかり、ホッとした男の子と司書たちでした。

〔回答〕東京子ども図書館

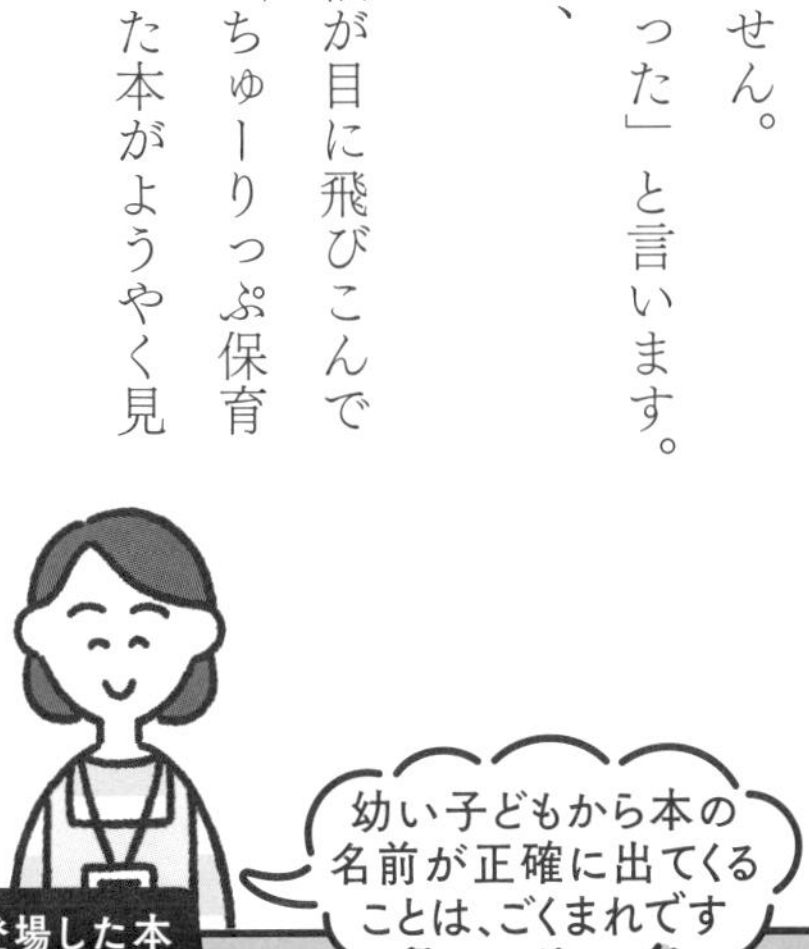
幼い子どもから本の名前が正確に出てくることは、ごくまれです

登場した本

『いやいやえん』中川李枝子［作］大村百合子［絵］福音館書店 1962

Question 43
きれいじゃない
さかながだんだん
きれいになっていく
絵本。

A. 思い当たる絵本がありますが、もう少しヒントをください。

小学4年生からの質問でした。

「きれいじゃないさかながだんだんきれいになっていく」という内容から、司書は、自身の記憶をたよりに『にじいろのさかな』かな？と推測しました。

しかし、児童は「違う」と言います。

そこで司書は、館内OPACでキーワード「きれい」「さかな」で検索。ヒットした本のなかから『ちいさなしろいさかな』を児童に見せてみましたが、こちらも「違う」とのこと。

それではと絵本の棚をながめて『スイミー』『およげないさかな』を出しましたが、またも「違う」と言います。

次は、インターネットで「さかなの絵本」で検索し、「HugK

um」というサイト内の「魚の絵本おすすめ10選」というページを見ましたが、それらしい本はありません。

さらに「絵本ナビ」というサイトであらすじ「さかな」で検索し、ヒットした本のなかから『かしこいさかなはかんがえた』を出しますが、やはり「違う」とのこと。

もう一度、児童にくわしいあらすじを聞いてみると、次のように教えてくれました。

「きれいじゃないさかながいて、たくさんのきれいなさかなと仲良くなりたくて近くに行くんだけど、きれいじゃないから仲間になれない、と言われる。きれいになりたくていろいろなものをからだにくっつける。最後にはきれいになって、仲間になれる」

ここで新しいキーワード「仲間」が出てきました。

館内の絵本の棚のどのあたりにあったかも、児童は覚えているようです。

『トロピカルテリー』ジャーヴィス［作］青山南［訳］BL出版 2019／ウェブサイト：HugKum／絵本ナビ

司書は再度、絵本ナビであらすじ「さかな きれい なかま」で検索。ヒットしたなかに『トロピカルテリー』があり、あらすじを見てみると、

〝南の海のサンゴのまちには、眩《まぶ》しい色の魚たちがたくさんいました。その中で、地味な色のテリーは、どうしたら「キラッキラッ」眩しい魚たちの仲間になれるのか、いつも考えていましたが…〟

とあり、それらしいかんじです。

しかも、絵本の棚で置かれている位置も、児童が言っていたあたりと近いです。

棚から『トロピカルテリー』を出して児童に見せると、ようやく当たり！

喜んでくれた顔を見てうれしくなった司書でした。

〔回答〕蒲郡市立図書館

登場した本

『にじいろのさかな』マーカス・フィスター［作］谷川俊太郎［訳］講談社 1995／『ちいさなしろいさかな』ヒド・ファン・ヘネヒテン［さく］ひしきあきらこ［やく］フレーベル館 2004／『スイミー』レオ・レオニ［作］谷川俊太郎［訳］好学社 1999／『およげないさかな』せなけいこ［作・絵］ポプラ社 2015／『かしこいさかなはかんがえた』クリス・ウォーメル［作・絵］吉上恭太［訳］徳間書店 2010／

Question 44

夏休みの宿題でポスターをつくりたい。参考になる実物ポスターを見ることはできますか？

A. 本、雑誌、デジタル資料を紹介します。

ここは日本で唯一の「広告コミュニケーション」にかんするミュージアム。実物ポスターなどの展示スペースと、国内外の広告にかんする本・雑誌・作品集のライブラリー（専門図書館）があります。

小学生とその保護者から「夏休みの宿題でポスターをつくりたい。テーマは平和、公共、環境、みどりなど。参考になる実物ポスターを見ることができるか？　または役に立ちそうな資料を教えてほしい」といった質問でした。

司書は、本、雑誌、デジタルの3本立てで資料を探してみることにしました。

1. まずは、この図書館に所蔵している本から。

広告の作り方の本を見つけるために、この図書館独自の分類法でいう「広告．宣伝」のなかでも「広告理論・概要」の棚で、小学生でもわかりやすいもの、という視点で資料を探しました。

また、館内OPACでキーワード「平和」「公共」「環境」などで検索し、ヒットした本のなかから、小学生でもわかりやすく、できるだけ広告の図版が載っているものを選びました。

見つかったのは、計6冊。広告の作り方や役割をわかりやすく解説した本として①『広告って何だ？』、②『広告のしくみ』、③『広告大百科』、④『広告絵本』、平和や公共、環境、みどり（環境保全）など社会課題をテーマとした公共広告の作品集として⑤『ACジャパンの50年』、⑥『新版 世界の公共広告』です。
⑤は、1971年～2021年の全作品が載っていて、時代を追って社会の関心を集めたテーマを知ることができます。
⑥で海外の公共広告と比較することで、どの国にも共通の社会課題、国によって異なる社会課題を理解できます。

品集』ACジャパン 2021／⑥『新版 世界の公共広告』金子秀之［著］ 玄光社 2013／雑誌：⑦『新聞広告縮刷版』1号～674号 世界文庫 1961～2017／⑧『ACジャパンレポート』193号～最新号 ACジャパン 1993～ ほか

2. つづいて、雑誌にもあたってみました。

公共広告は⑦月刊誌『新聞広告縮刷版』の「企画広告・意見広告」の項目に載ることが多いため、司書は毎号のこの項目を見ながら、児童の参考になりそうな広告を探しました。

また、⑧『ACジャパンレポート』は季刊の会報誌で、作品紹介のほか、海外の公共広告をテーマにした連載があります。

3. さらに、ミュージアム内のデジタル資料も探すことに。

この図書館では、館内の端末（iPad）で「デジハブ」とよばれる広告資料検索データベースで、所蔵するポスターなどを見ることができます。たとえば「平和」などのフリーワード検索、「1990年～2000年」などと時代を限定した検索、資料区分を「ポスター」などとしぼった検索ができます。実例を見たほうがポスターのイメージがわきやすいと考えて、児童と保護者に案内しました。

［回答］アドミュージアム東京ライブラリー

紹介した本

①『「よのなか」がわかる総合学習 広告!しる・みる・つくる 1巻 広告って何だ?』、②『同2巻 広告のしくみ』藤川大祐［監修］ 学研 2005／③『広告大百科 第1巻 チラシ・ポスター・カレンダー』電通 1991／④『広告絵本 藤井達朗 広告のもとのもと“絵コンテ”がおもしろい』CM now［責任編集］玄光社 1987／⑤『ACジャパンの50年 公益社団法人ACジャパン創設50周年記念キャンペーン作

Question 45

毒のある植物について調べたい。

A. キノコの本や植物図鑑などを紹介します。

私立図書館の児童室にやってきた、中学2年生からの質問でした。海外ドラマに毒のある植物が出てきて興味をもったそうです。

調べものに役立ちそうな資料を探すために、司書はまず、この図書館独自のブックリスト『児童図書館基本蔵書目録』シリーズをひらいてみました。この目録には「件名索引」がついていて、さまざまなキーワードから本を探すことができます。

しかし、「毒」というキーワードが載っているのは、ノンフィクション分野の目録（参考文献①）のみでした。そこでは②『きのこ』、③『キノコの世界』、④『ヒガンバナのひみつ』の3冊が紹介されています。

もっとほかにもないか？ 司書は、ほかの司書たちや生徒ととももに片っ端から本棚を見ていき、あてはまりそうな本を手に取ってみました。

⑤『植物』には、トリカブトの毒などの解説があります。⑥『冒険図鑑』の〝動物・植物との出会い〟の項には〝気をつけたい毒草・毒キノコ〟が載っています。絵本の棚から出した⑦『魔女図鑑』にも少しだけ毒草のページがあります。生徒はこれらの本を、時間をかけてていねいに読みこんでいました。

数週間後、生徒が再び児童室へ。「今日はレポート用紙をもってきたから、まとめようと思って」と、にっこり。先日のメモをもとに自分で手際よく本を集め、レポートを書きはじめました。

そんな生徒の熱心な姿を見て司書は、ふと、平凡社の『児童百科事典』(⑧)にはなにか載っていないだろうか？　と思いつきました。これは1951年に刊行開始した全24巻の子ども向け百科事典で、

修］小学館 2018／⑥『冒険図鑑』さとうち藍［文］松岡達英［絵］福音館書店 1985／⑦『魔女図鑑』マルカム・バード［作・絵］岡部史［訳］金の星社 1992／⑧『児童百科事典』全24巻 平凡社［編・刊］1951〜1956

児童文学者の瀬田貞二《せたていじ》氏らが〝偶然めくったページに読みふけってしまうほどの〟（まえがきより）おもしろさと生きた知識を伝えるために、各専門家の原稿を子ども向けに徹底して書き直した、といわれています。刊行年は古いですが、基本的な情報がまとまっているので、司書たちが子どもから質問を受けたときに重宝しています。

さっそく「と」の巻をひらくと、ありました！

〝毒と中毒〟の項目に〝食べたり飲んだり吸いこんだりしたものが原因〟で具合が悪くなることが〝中毒〟、それを引き起こす物質が〝毒〟である、という定義にはじまり、毒の作用による分類や、食中毒のいろいろが丁寧に書かれ、毒のある植物の例も載っています。

生徒に手渡すと、さっそく熟読。すでに調べた本と引き比べながら、時間をかけて情報をまとめ、満足そうに帰って行きました。

〔回答〕東京子ども図書館

生徒の熱心さに応えられる資料が見つかってよかったです

参考にした本

①『児童図書館基本蔵書目録3 知識の海へ』東京子ども図書館［編・刊］2022／②『改訂版 小学館の図鑑NEO 22 きのこ』保坂健太郎ほか［監修・執筆］小学館 2017／③『新装版 科学のアルバム キノコの世界』伊沢正名［著］あかね書房 2005／④『かこさとし大自然のふしぎえほん ヒガンバナのひみつ』かこさとし［作］小峰書店 1999／⑤『新版 小学館の図鑑NEO 2 植物』門田裕一［監

Question 46
川遊び「ガサガサ」のやり方を知りたい。

A. 平面のある網と、バケツ、長靴などが必要です。

小学生か中学生からの質問でした。「ガサガサという、魚を獲る方法があると聞いた。川遊びの一種らしい」とのことです。

司書はまず、当館蔵書検索（職員用OPACのようなもの）でフリーワード「ガサガサ 魚獲り」や「ガサガサ 魚」で検索してみましたが、資料は見つかりませんでした。

次に、フリーワード「ガサガサ 川遊び」で検索すると、①『楽しい川遊び』、②『多摩川自然遊び ガサガサ』が見つかりました。

①によると〝ガサガサとは、魚捕り用のタモ網などを使って川や池、水路などに棲《す》む生きものたちを捕まえる遊びのこと〟。

〝草の下を足で蹴《け》ってガサガサしたり、川底を網ですくうと生きものが驚いて出てきて、タモ網の中に入ってくる〟とのことで、準備する道具としては〝平面のある網〟〝バケツとケース〟〝運動靴タイプ、長靴、ウォーターシューズ〟とあります。
②では〝正しいガサガサのやり方〟として〝根や茎の一部が水面下にある植物〟が水際でガサガサとしている場所にタモ網を当て、上流側のヤゴやオタマジャクシを片足で網まで追い込み、スッと網を持ち上げる、といったことが書かれています。
ちなみに、図書館では「本の内容から引けるように分類した項目」のことを「件名」とよびます。司書は①の件名に「野外活動」「河川」とあることに注目し、蔵書検索で件名「野外活動 河川」、かつフリーワード「ガサガサ」で検索すると、③『ガサガサ探検隊。』が見つかりました。これは子ども向けの本で、ガサガサに必要な道具や手順、コツなどを多数のカラー写真とともに丁寧に説明しています。
児童にも伝わりやすそうと思い、紹介しました。

［回答］**大阪市立中央図書館**

紹介した本

①『楽しい川遊び 源流から河口まで川をとことん楽しむ方法』伊藤匠［監修］地球丸 2016／②『多摩川自然遊び ガサガサ』中本賢［著］婦人画報社 1999／③『ガサガサ探検隊。』中本賢［著］つり人社 2002

Question 47

飼育しているカメが冬になって寒くなってから元気がないので、どうすればいいのか知りたい。

A. カメが冬を越すには、ふたつの方法があるようです。

小学3〜4年くらいの児童からの質問でした。

カメの生態について調べるために、司書はまず館内OPACでキーワード「亀」「カメ」で検索。さらに、図書館で使われる分類法でいう「水産増殖・養殖業」「脊椎動物」の棚をながめて資料を探してみました。

見つかったのは計13冊。

これらによると、冬のカメを元気にさせるには、大きく分けて次のふたつの方法があるようです。

A. 飼育環境を整えて、冬眠させる。健康なカメであれば、この方法で問題なく冬を越せるようです。

B. もうひとつは、カメが活動できる温度を維持し、冬眠させせな

活・生活シリーズ199 身近ないきもの飼育・観察図鑑』主婦と生活社 1992／⑥『生き物の飼育 がくしゅう大図鑑』日高敏隆［監修］世界文化社 2006 ほか

い。幼いカメや弱っているカメは、この方法が無難のようです。

なお、Aの「冬眠させる」方法について書かれているのは、①『小動物の飼い方』、②『どんな生きもの？ はちゅう類・両生類2』など計7冊。

Bの「冬眠させない」方法について書かれているのは、③『カメたのしい飼い方・育て方』、④『小学館の図鑑NEO6 両生類・はちゅう類』の計2冊。

AとB両方について書かれているのは、⑤『身近ないきもの飼育・観察図鑑』、⑥『生き物の飼育』ほか計4冊でした。

〔回答〕大阪府立中央図書館

参考にした本

①『小動物の飼い方』実吉達郎［著］ 国土社 1975／②『どんな生きもの？ はちゅう類・両生類2 カメ・トカゲのなかまとカエル・イモリのなかま 家や学校で飼ってみよう』松久保晃作［文・写真］ 偕成社 2002／③『カメ たのしい飼い方・育て方』江良達雄［著］ 新星出版社 2001／④『小学館の図鑑NEO6 両生類・はちゅう類』松井正文・疋田努・太田英利［指導・執筆］ 小学館 2004／⑤『主婦と生

Question 48

このくねくねする字を自分で読んでみたいです。

A. 文字の変遷を知ることからはじめてみましょう。

中学校の図書館にやってきた3年生からの質問でした。

生徒いわく、「国語科の授業で個人研究にとりくんでいて、情報を集めていたところ、地方の文学館のデジタル資料にたどり着いた。江戸時代に出版された本で、変体仮名で書かれている。一部はインターネットや論文などにも活字で載っているが、その前後の文章はなかなか活字を見つけることができない」とのこと。

そこで司書のもとへ「このくねくねする字を自分で読んでみたいので、こういう文が読めるようになる参考図書はありますか？」とたずねてきたのです。

変体仮名は、学習しはじめて日が浅いと少し難しいかもしれませんが、学習が進めば、意外と昔の書物がなんとなく読めるようになります。司書は、「くねくねする字」の実態を自力でたしかめたいという生徒の意欲を感じ、次のような段階で支援をおこないました。

①文字の変遷を知る。

中学生くらいになると、平仮名や片仮名のもとになった字（「字母」という）がなんであるかは基本知識として身についている人がほとんどです。現代人が使っている仮名は、「安→あ」「阿→ア」など、1音節に1字が対応しています。

しかしこれは100年ほど前に制定された仮名であり、それ以前は同じ音に対応する仮名はいくつもありました。

まずはそういった文字の変遷を解説しているウェブサイトを紹介し、さまざまな変体仮名を一覧できるサイトを挙げました。

人文学オープンデータ共同利用センターのホームページ内「まめ知識」では、くずし字・変体仮名とはなにか、その概要が易しい言葉で簡潔にまとめられています。また、「Unicode《ユニコード》変体仮名一覧」では変体仮名286字が一覧でき、各字母を確認できます。

国立国語研究所ホームページ内「国語研変体仮名字形データベース」には、手書き文字の画像が載っています。調べたい字により近い形の画像が見つかるかもしれません。

②読みたい文を1字ずつ区切る。

実際に変体仮名を読もうとしても、くずした書体が連なってさらさらと書かれた文は、いったいどこからどこまでが1字なのかよくわかりません。中学生では古文の知識もそれほど深くありません。

字の区切り方についてはいろいろ調べてみましたが適当な資料が見当たらず、やはり「慣れれば読めるようになる（つまり、慣れるしかない）」という結論に至ります。生徒ひとりですぐには無理と判断し、大人が支援して1字ずつ区切っていきました。

③変体仮名を調べる。

文字が分解できたら、いよいよどの文字がどの変体仮名にあたるか、本やインターネットで調べていきます。

昔の書物は手書きなので「これは、この文字だ」とはっきり判別できるものばかりではありません。「この画像の形に近いから、この文字かな」とか「この文脈なら次の字はこれかな」など、ある程度の推測が必要です。根気のいる作業ですが、1字ずつ丁寧に、変体仮名一覧から目的の形を探していきます。

このとき参考にしたのは、①『字典かな』、②『くずし字解読辞典』、③『変体仮名とその覚え方』の計3冊。

①は変体仮名を五十音順で探しやすい字典です。それぞれの字母を確認することで、少しずつ変体仮名に慣れて見当をつけられるようになります。②は平仮名だけでなく漢字のくずし字についても調べることができます。③は間違えやすい仮名の見分け方も丁寧に説

明しています。

④現代語に訳す。

これも中学生には難しい作業ですが、古語辞典などを片手に、判読した文章をわかりやすく口語訳していきます。「変体仮名を調べることと比べれば、現代語訳なんて簡単だと感じた」と生徒の弁。

これで江戸時代の文書をほぼ自力で読むことができました。

後日のこと。生徒が司書のもとへやってきて「今、変体仮名を学べるアプリで練習してるんです。いつか、古文書解読検定を受けたい！」と明かしてくれました。

この生徒にとって、変体仮名への興味が今後新しい世界の扉をひらくきっかけとなったらうれしい、と司書は思いました。

［回答］東京学芸大学附属竹早中学校図書館

参考にした本

①『新装版 字典かな 写本をよむ楽しみ』笠間影印叢刊刊行会［編］笠間書院 2006／②『くずし字解読辞典』児玉幸多［編］東京堂出版 1993／③『変体仮名とその覚え方』板倉聖宣［著］仮説社 2016／ウェブサイト：人文学オープンデータ共同利用センターホームページ／国立国語研究所ホームページ

Question 49

「いただきます」という言葉は、外国ではなんと言うのでしょうか？

A. とくに決まった表現はないようです。

小学4年生の国語科の授業で「興味や関心のあるテーマに沿って報告書を書く」という課題が出て、図書館にやってきた児童たち。そのひとりが「いただきます」をほかの国ではなんと言うのだろうと疑問をもちました。

司書はまず、図書館で使われる分類法でいう「言語」の棚を中心に資料を探してみました。見つかったのは『こんにちは・おはよう世界のあいさつ』。各国の「こんにちは」「ありがとう」「さようなら」などの言葉が一覧できる本です。

この本によると、他国では「いただきます」と言う代わりに、神に感謝するお祈りを捧げる、人より先に食べるときは「お先に」という意味の言葉をかける、といった習慣があるそうです。また、ごちそうする側が「たくさん食べてください」、いただく側が「ありがとう」と言うこともあるようです。料理をつくった方を目の前にしたときだけ感謝の言葉を言う、という国もあります。

結果として、とくに決まった表現はないことがわかり、日本ならではの食前の言葉「いただきます」の独自性が際立ってきました。

ちなみにこの小学校では、昼食前に「多くのいのちと、みなさまのおかげにより、このごちそうをめぐまれました。深くご恩を喜び、ありがたくいただきます」と言います。いのちをいただくすまなさとありがたさを言葉にし、心をこめて発声する大切な習慣です。

私たち人間は、自然の恵みや生物のいのちをいただき、生かされている。そのことに感謝して発する「いただきます」という言葉をもつ日本、その国民性のすばらしさ。――そうした面までもが、今回の児童の研究で浮き彫りにできたのでは、と思う司書でした。

〔回答〕京都女子大学附属小学校図書館

参考にした本

『こんにちは・おはよう 世界のあいさつ』竹下昌之［監修］ポプラ社 1996

Question 50
このお部屋は、どんなことをするお部屋ですか？
YAMA
SA

A. ここは、図書館です。どの本も自由に読めますよ。

ある年の4月のこと。小学校の図書館にやってきて、不思議そうに入館した新1年生。しげしげとあたりを見回し、カウンターの司書に声をかけました。

「このお部屋は、なんのお部屋ですか？」

「図書館ですよ」

「どんなことをするところですか？」

というやりとりのあと、司書が「あなたは、おうちの近所の図書館に行ったことがありますか？」と聞くと、児童は「ありません」といいます。

そこで司書は、図書館について、わかりやすい言葉で説明することにしました。

「図書館というところは、本がたくさん置いてあって、あなたが『これが読みたい』と思った本はどれでも自由に読んでいいんです。本屋さんと違って、全部、無料で読めるんですよ。ただし、本屋さんで買ってもらった自分だけの本ではなくて、学校中のおともだちが、みんなで読む本です。読んだら、元の場所に戻してね。

もうすぐ1年生も本を借りる練習をしますから、借りて帰っておうちでも読めるんですよ」

こうして図書館の説明をなんとか終えると、児童の自宅の場所を聞いて、近くの公共図書館を紹介しました。

これを機に、学校図書館にも公共図書館にも通ってほしい。そう願いつつ、図書館のヘビーユーザーになってもらえるようアプローチしよう、と意気込む司書でした。

［回答］京都女子大学附属小学校図書館

子どもの本のプロ「児童図書館員」って、どんな人？

図書館の一角にある絵本・児童書コーナーや、児童書専門の図書室……。そこでは、とくに「児童サービス」に精通した司書が活躍しています。

そのひとり、杉山きく子さんは、長年さまざまな図書館で児童サービスにたずさわってきました。「子どもの読書は、大人の読書とはまったく違う」といいます。子どもたちはどうやって本と出会い、読書を楽しんでいるのでしょう？　くわしいお話をうかがってみました。

3冊の本がきっかけで、司書人生に

これまで約50年にわたり、さまざまな図書館の児童サービスにたずさわってきました。カウンター内で子どもや保護者からの質問に答え、「おはなし会」で読み聞かせをし、子どもがひとりで読書するようすをそっと見守ることもあれば、ときには声をかけて本探しを手伝うこともありました。

都立図書館4館と国立国会図書館の児童部門で働いたあと、現在は東京都中野区の私立図書館、公益財団法人東京子ども図書館の理事を務めながら、さいたま市の自宅でほりごたつのある小さな図書室「風渡野文庫《ふっとのぶんこ》」をひらいて近所の子どもたちや孫といっしょに読書を楽しんでいます。

ふりかえると、子どもの本のことだけ、児童サービスだけに専念してきた司書人生でした。私自身、小さいころから本が大好きで、本にかかわる仕事に就きたいと思っていました。出版社も志望しましたが、石油ショックの影響もあり、よほど優秀な人でないと採用はきびしくて。そもそも女性は、がんばって入社しても「寿退社」が当たり前の時代。それでも私は結婚後も働きたかったので、公務員になりたいと考えていました。

なかでも「図書館司書」を志望したのは、学生時代に出会った3冊の本がきっかけです。1冊目は、新聞の書評欄で見つけた『図書館の発見』。この本で、図書館という職場の存在を知りました。

2冊目は『子どもの図書館』。児童文学者・翻訳家の石井桃子さんが1958年に東京都杉並区の自宅でひらいた小さな図書室「かつら文庫」（現在の東京子ども図書館分室　かつら文庫）の発足からの7年間を記録した本です。私はこの本で、図書館員のなかでも児童サービスに精通した「児童図書館員」の存在を知り、これこそ自分がやりたい仕事だ！　と思うようになりました。

3冊目は『灰色の谷の秘密』。夏休み中の少年がフランスの田舎で友だちとともに遺跡を発掘する冒険小説です。離れて暮らす父からの手紙に〝君がどんな仕事に就いてもいいんだけど、その仕事を通して自分を磨けるような仕事に就いてほしい〟といったことが書かれていて、「わあ、これだよなあ！」と感激しました。図書館員をやりながら自分を磨ける気がしたのです。

大学で司書資格を取り、東京都立図書館の職員採用試験を受けて、運よく合格。1976年に都立江東《こうとう》図書館（現在の江東区立江東図書館）に入職し、児童サービスを担当。本と子どもが大好きな私にとって、本当に幸運なことでした。

都立江東図書館で11年、港区の有栖川宮《ありすがわのみや》記念公園内にある都立中央図書館で7年、産休を経て、千代田区にあった都立日比谷《ひびや》図書館の児童資料室（現在は国分寺市の都立多摩《たま》図書館に移管）で5年、児童サービスに専念しました。

また都立中央図書館に戻ってからは本格的に一般サービスにかかわることになり、さあ勉強するぞと意気込んでいた矢先の2000年、台東区の上野公園内に「国立国会図書館 国際子ども図書館」が開館。国会図書館が児童サービスをおこなうのは国としても初めてのことだったので、私に声がかかり、若手育成を頼まれました。

そのとき私は40代。いい歳でしたが、それまで職場で「人を育てる」立場ではなかったので、自分としても初めてのことに試行錯誤しながら、若い職員たちと国立の図書館として子どもの本や児童サービスに取り組んでいきました。

納本制度（国内で発行されたすべての出版物を国立国会図書館に納める制度）にもとづいて入ってきた本のうち、児童部門はすべて国際子ども図書館に納本されます。

さらに海外で翻訳された絵本・児童書もそろうなど、資料が充実しています。

そんな恵まれた環境で3年、若い人たちと励んだあと、都立多摩図書館に帰って児童・青少年資料サービス係として11年勤め、定年退職。翌2015年に、本好きな夫とともに文庫をひらき、現在にいたります。

子どもには親切すぎるくらいでいい

児童図書館員として、子どもたちからたくさんの質問を受けてきました。「1年はなぜ12か月なの？　13か月ではいけないの？」「ハチは毒を持っているのに、ハチの集めたハチミツが食べられるのはなぜ？」「赤という言葉をつけたのは、どこのだれ？」などなど。

レファレンスとは、利用者の調べたいことに対して、司書が本や情報を提供して援助するサービスです。なかには「準備的サービス」といって、調べものに必要な資料をそろえておくこと、見てわかりやすい棚の配置にすることなども含みます。

子どもの質問を受けるときは、必ず「年齢」を考慮します。子どもが求める答えは必ずしも科学的な事実ではなく、自分なりに納得できる話だったりするからです。

よく受けた質問は「月」にかんするもので、「なぜ、月は満ち欠けするの？」「お月様は、どうしていつもぼくについてくるの？」など。子ども本人というより、たいていはその保護者を介した質問でした。

そこで私は、大人の期待に応えるようなやさしい天文学の本や図鑑のほか、子どもも納得できるように、なるべく昔話や物語絵本も紹介しました。たとえばグリム童話『月はどうしてできたか』や『お月さまの話ほか』、『つきへいったら』など。

子どもにとっては、いきなり立派な図鑑を渡されてもチンプンカンプン。しかし『お月さまの話』を読めば月の満ち欠けをその子なりに納得でき、『つきへいったら』で主人公といっしょに月から地球をながめてその存在を受け止めます。お父さんやお母さんに答えてもらうこと自体に満足する場合もあるようです。

本を紹介するとき、何冊も積んだりせずに厳選した数冊だけを渡すことも重要です。5歳の子から「ピーターパンを読みたい」と質問されたとします。ご存じのように、ピーターパンやハイジ、ピノキオなどの有名な童話は、簡単に描かれた本から完訳本まで多数出版され、絵本のようなダイジェスト版もありますね。ですが、原作は長くて、ストーリーもたっぷりとあって、幼児では難しい本なのです。

そこで「読みたいという気持ちを大切にしたいから」と絵本を渡すか、それとも、その子に本物のピーターパンに出会ってほしいから、原作を見せて「もうちょっと大きくなってから」と納得してもらうか。どれか1つだけが正しい答えというわけではないので、司書の力が問われます。

時には、司書がいっしょに読んであげる、言葉をやさしく言い換える、擬音・擬態語を豊かにして伝える、話が長ければ要約する、といった配慮をすることもあります。子どもと本のあいだに大人が入って「通訳」するイメージです。

図書館のレファレンス規程では、医療・法律・身の上相談は受け付けない、骨董《こっとう》鑑定・系図作成はしない、宿題・クイズには答えない、などの決まりがあります。

しかし、決まりを意識するあまり、司書が「宿題に答えてはいけない」と自己規制しすぎるのは不親切です。本を渡して「宿題の答えはここに載ってるよ」と教えてもいいと私は思います。

子どものエネルギーは、本を探すことより読むことに使ってほしいのです。宿題のために仕方なく図書館に来た子にとっては、とにかく本を手に取り、ひらき、中身を見て「おもしろい」「わかった」と思えることがいちばん大切。そこを後押ししてあげるのが司書の役割だと思います。

わが子に手渡す一冊を、どう選ぶか

保護者が子どもに絵本を読んであげるとき、どうやって選んでいるでしょうか？子どもの服なら、保護者が自分のセンスや経験をもとに、値段などをふまえて「いい」と思ったものを選ぶことが多いでしょう。本人の服の好みが育つまでは、大人目線で選んでもあまり大失敗せず、子や孫から拒絶されることは滅多にないはずです。

ところが、絵本のセレクトは、とても難しいものです。数ある絵本から大人が見て「いい」と思うものを、たとえば「絵がかわいい」「きれいでカラフル」「ユーモアがある」「癒される」「知識が増える」「道徳的で役立つ」などの視点で選んでしまうと、だいたい失敗します。我が子に一生懸命に選んで読み聞かせしたのに、まったく見向きもされなかった、とショックを受けた親御さんの話も聞きます。

いわゆる教訓や感動を得られる「良書」を子や孫に与えたい、と保護者は願いますが、大人の考えを押しつけ、かえって子どもから本を遠ざける結果になりかねません。「ウケる本」を求める大人もいますが、子どもの本は漫才のようにその場の全員がドッと笑うものではないし、笑いを期待するものでもありません。

反対に、大人は退屈に感じるような「同じ表現のくりかえし」や、大人だと残酷に感じるような「悪者が退治される話」が、子どもは大好き。おもしろいことは聞けば聞くほどおもしろいし、またこの世界を信じ、正義を求めているのだと思います。

読み聞かせ中、子どもの多くはなんにも言いません。まだ語彙が少ないし、心が動いている最中は言語化できないのでしょう。ですが「また読みたい」と何度も訴えてくることで、この子はこの絵本をおもしろいと感じているんだなあ、とわかります。

「不滅の本」なら間違いない

では、具体的にどういう本であれば、子どもが好んで読むのか？

答えのひとつは「何十年にもわたって読み継がれている、基本的な本」だといえます。日本には30年、50年、１００年と読み継がれてきた本がたくさんあります。人の暮らしも、家も町並みもすっかり変わってしまうような、移り気で変化の激しいこの国で、変わらず読み続けられている、いわば「不滅の本」があるのです。

いまの子も昔の子も同じように『ぐりとぐら』のカステラに手を出し、『おおきなかぶ』を「うんとこしょ、どっこいしょ」と声をかけて抜きます。

数あるなかで、私がおすすめしたい不滅の一冊は『ねずみのほん1 ねずみのいえさがし』です。小さいねずみが自分の家を探して〝ここがいいかな？〟と自問、〝いや、ここはさむすぎる〟と自答しては次の家を探します。〝ここがいいかな？ いや、ここはあつすぎる。ここがいいかな？ いや、ここはひろすぎる。ここがいいかな？ いや、ここはせますぎる〟……などと、あちこちをめぐっていき、最後に「ここがいい」と家を見つける、ただそれだけのお話です。

大人にとっては「くりかえしでつまらない」と、あまり魅力を感じないかもしれませんね。ですが、子どもたちに読み聞かせをすると、すごく熱心に聞いてくれます。『ねずみのほん』シリーズ全3巻は、もともと、先述した「かつら文庫」で子どもたちがすりきれるまで読んだ3冊の写真絵本でした。1968年に福音館書店から刊行され、一度は絶版になったあと1984年に童話屋から復刊。現在まで50年以上にわたり子どもたちに大人気で、幼児はもちろん、小学生でも好きな子が多い絵本です。

杉山さんが夫とともにさいたま市の自宅でひらいている小さな図書室「風渡野文庫」。毎週金曜午後に開館。親子連れや、ひとりで通えるようになった小中学生などが訪れる。ほりごたつのある部屋でゆっくり本選びや読書を楽しめる。

1巻を読んであげると、2巻も、3巻も、と子どもたちが喜んで借りていくので、私の風渡野文庫ではシリーズを3セットそろえています。部屋のすみっこで「ここがいいかな？　いや、ここはせますぎる」と真似て楽しんでいた子もいます。そうした予想外の反応におどろく大人たちを、私は何人も見てきました。

司書の力が光るとき

ただ、こういう一見「古くさい」本が書店に並んでいたとして、買いたい、わが子に読んであげたいと思うか？　というと、なかなか難しいかもしれません。表紙をパッと見ただけでは「くりかえしの楽しさ」という魅力も伝わらないことでしょう。

本は、棚に置かれただけでは「物言わぬ」静かな存在です。人が手にとって、ひらいて、自分で読むか、だれかに読んでもらう必要があります。

子どもの周りには、いろんな誘惑があります。テレビアニメ、ゲーム、動画サイト。子どものなかでそれらへの興味がふくらむと、だんだん本の世界が狭くなります。もちろんアニメや動画が好きでもかまわない。でも、それ以外の世界もあることを知らないと、別の何かを受け入れる余地がなくなるから、やっぱり本に出会ってほしい。

本の世界はものすごく広くて、時間的な幅があります。昨日今日生まれた動画などとは違って、はるか上の世代の作家が書いた本などが古びずに、長く、今も残っている。そうした本に、言葉に、いろんな価値観に出会ってほしいと願っています。

お子さんに「長く読み継がれた本」を読ませたいときは、ぜひ図書館へ来て、司書に頼ってみてください。司書は、子どもがどんな本を選び、借りていくかを、毎日カウンターから見つめています。子どもが「おはなし会」でどんなお話をよろこぶのか、知っています。

現代社会はコンプライアンス――企業や個人が法令（社会規範、倫理、道徳などを含む場合も）を守ること――がきびしくて、絵本や児童書にかぎらず漫画や小説などの作品内に差別語や人を排除する表現、暴力や残酷な場面といった社会のマイナス面が少しでもあると、すごく敏感に反応します。

しかし現実社会には、いまだにマイナス面は存在します。けっして差別や暴力などを肯定するわけではないですが、そういうものが描かれた世界でこそワクワクできたり、主人公に感情移入できたりすることがあってもおかしくありません。

本当にすぐれた作品は、貧困、死、戦争などを描きながらも、きびしい現実の先にある人間の愛情や尊厳、希望を照らしてくれます。「今はコンプラ的にアウト」とされる表現を含んでいても、読み継がれるべき作品は多くあるのです。

たとえば1958年刊行の『白いタカ』。オタワ族にさらわれた白人の少年の話で、「インディアン」という言葉が登場する時点で「アウト」なのですが、主人公が最初は村で排斥され、きびしい生活を送りながらも、自立心をもって正面から試練を受けて成長していく冒険小説です。挿絵を見るだけで荒々しい世界だと伝わってくるし、主人公の人間性や誇りが身に迫って感じられて、こういう物語は、今の時代ではもう二度と書けないと思います。

これからの児童図書館員へ

本書に、東京子ども図書館で活躍中の司書によるレファレンス事例が5件掲載されました。「6匹のくまが出てくる本をまた読みたい」の事例では、司書たちが協力して対応していますね。この図書館ではすべての司書が日々、子どもの本の知見を深めていますので、司書が集まることで回答の幅が広がるのです。

「水はどうして地球にはりついているの？」の事例では、司書が子どものとなりに座り、難しそうなところは補いながらいっしょに本を読んでいます。このように利用者にとっても司書にとっても理想的な図書館が、全国に増えたらいいなと思います。

児童サービスを充実させるための根本には、司書職制度（図書館の管理と運営を「専門職」である司書に任せ、図書館活動に専念できる制度）が欠かせません。

私は著書『がんばれ！ 児童図書館員』のなかで〝児童図書館員は、一朝一夕になれるものではなく、すくなくとも10年程度の経験が必要ではないでしょうか。10年間、その立場でいられる人はけっして多くありません〟と書きました。司書の雇用状況はますます不安定になる一方ですが、やはり採用された人がひとつの職場に長くいられて、経験を積んでいくことが欠かせません。

司書の仕事は伝統芸のような面があり、先輩から後輩へ技術を受け渡すことも重要です。各自治体の財政事情もあると思いますが、司書の経験・スキルを磨けるよう、組織が環境を整え、研修をおこなうことが大切だと思います。

ひとつの職場で「この本は長く読まれている」「この本は調べものに役立つ」などと学びながら自分の仕事に誇りをもつ。子どもへの接し方も最初は「やたら話しかけちゃいけないかな？」などと不安になりつつも、先輩を見て「こういうふうに入っていけばいいんだな」と学び、また後輩にも伝える。そんな伝統芸だからこそ、各地域で共通理解をもつことは大切ですし、雇用は安定していてほしいと思います。

たとえば、子どもたちが郷土について調べに来たとき、どれが子どもにも読める郷土資料かとか、小さな図書館では、最新の最適な資料が未所蔵でも、その次に提供できる本はどれかなどを先輩から教わるほうが役に立つ場面もあるのです。

利用者のなかには、カウンター内の司書には話しかけづらい、こんなこと聞くのは恥ずかしい、と感じている方がいらっしゃるかもしれません。でも、どんどん気軽に話しかけてほしいです。司書としても多種多様な質問を受けることで「本来なら用意されているべき本が欠落している」などの気づきになるかもしれません。

司書の多くには「どうぞ聞いてください」という気持ちがおおいにあります。お近くの図書館にも「私に聞いて、聞いて！」オーラを全身から出した司書がきっといますので、ぜひ声をかけてみてください。

〔回答〕東京子ども図書館 理事／風渡野文庫 主宰 杉山きく子さん

〈インタビュー内に登場した本〉

『図書館の発見 市民の新しい権利』石井敦・前川恒雄 著、日本放送出版協会、1973

『子どもの図書館』石井桃子 著、岩波書店、1965

『灰色の谷の秘密』アンドレ・マスパン 原作、河盛好蔵 訳、あかね書房、1964

『月はどうしてできたか』ジェームズ・リーブズ 文、エドワード・アーディゾーニ 絵、矢川澄子 訳、評論社、1979

『お月さまの話ほか』ニクレビチョバ 作、内田莉莎子 訳、講談社、1977（表題作は『おはなしのろうそく25』東京子ども図書館 編・刊、2004 にも収録）

『つきへいったら』クロウディア・ルイス 文、レオナード・ワイスガード 画、藤枝澪子 訳、福音館書店、1969

『ねずみのほん1 ねずみのいえさがし』ヘレン・ピアス 作、まつおかきょうこ 訳、福音館書店、1968／童話屋、1984

『白いタカ』E. アーノルド 作、瀬田貞二 訳、岩波書店、1958

『がんばれ！ 児童図書館員』杉山きく子 著、東京子ども図書館、2016

●掲載にご協力いただいた図書館のみなさま

宮城県：仙台市図書館（Q. 8）

茨城県：牛久市立学校図書館（Q. 18、38）

千葉県：千葉県立中央図書館（Q. 4、37）

東京都：練馬区立練馬図書館（Q. 29）

練馬区立南大泉図書館（Q. 34）

東京学芸大学学校図書館運営専門委員会

附属世田谷中学校図書館（Q. 19）

附属竹早中学校図書館（Q. 48）

アドミュージアム東京ライブラリー（Q. 44）

東京子ども図書館（Q. 3、36、42、45）＊書き下ろし

東京子ども図書館分室 かつら文庫（Q. 21）＊書き下ろし

山梨県：山梨県立図書館（Q. 13、39）

長野県：塩尻市立図書館（Q. 27、32）

愛知県：安城市図書情報館（Q. 22）

蒲郡市立図書館（Q. 5、31、43）

名古屋市瑞穂図書館（Q. 28）

名古屋市山田図書館（Q. 15、26）

京都府：京都女子大学附属小学校図書館（Q. 1、10、49、50）

大阪府：大阪府立中央図書館（Q. 47）

大阪市立中央図書館（Q. 46）

池田市立図書館（Q. 23）

兵庫県：伊丹市立図書館 本館「ことば蔵」（Q. 7、24）

小野市立図書館（Q. 6、9）

学校法人甲南学園 甲南小学校図書館（Q. 2）

松蔭中高図書館（Q. 14）

和歌山県：かつらぎ町立笠田小学校図書館（Q. 12）

鳥取県：米子市立図書館（Q. 20）

島根県：島根県立図書館（Q. 41）

岡山県：岡山県立図書館（Q. 11、25、33、35）

福岡県：北九州市立中央図書館（Q. 30、40）

沖縄県：恩納村文化情報センター（Q. 16、17）

STAFF

イラストレーション：間芝勇輔

ブックデザイン：原田恵都子（Harada+Harada）

本文DTP：センターメディア

編集協力：大久保寛子

企画・編集：石井智秋

編者紹介

こどもの大質問編集部　本を読むことや図書館・書店めぐりが好きな編集者たちのチーム。レファ協（レファレンス協同データベース）の事例を愛読するなかで、世の中にはスマホでは探し出せない情報があることを知り、ゆたかな問いと回答にふれて、本にまつわる世界の広さを実感。「レファレンスサービスのすばらしさを、より広く、たくさんの人と共有したい！」という思いから本書を企画し、全国各地の図書館のみなさまのご協力を得て出版にいたる。
★レファレンスサービスは、図書館によっては「調べもの案内」「調べもの相談」「ご相談コーナー」などといったよび方をしている場合もあります。お近くの図書館で、それらしきコーナーを見つけたら「レファレンスの受付は、ここですか？」とたずねてから、知りたいこと・調べたいことについて質問してみてください。

図書館《としょかん》にまいこんだ こどもの【超《ちょう》】大質問《だいしつもん》

2024年4月30日　第1刷

編　　者　こどもの大質問編集部《だいしつもんへんしゅうぶ》

発行者　小澤源太郎

責任編集　株式会社 プライム涌光
電話　編集部　03(3203)2850

発行所　株式会社 青春出版社
東京都新宿区若松町12番1号 〒162-0056
振替番号　00190-7-98602
電話　営業部　03(3207)1916

印刷　三松堂　　製本　大口製本

万一、落丁、乱丁がありました節は、お取りかえします。

ISBN978-4-413-23354-5 C0095

©Kodomono Daishitsumon Henshubu 2024 Printed in Japan

本書の内容の一部あるいは全部を無断で複写(コピー)することは著作権法上認められている場合を除き、禁じられています。

＼好評既刊／

かわいい難問・奇問に
司書さんが本気で調べ、こう答えた！

図書館にまいこんだ

こどもの大質問

こどもの大質問編集部［編］

町の図書館や、放課後の図書室……。その静かな空間には日々、子どもたちから、じつに多種多様な質問が寄せられています。「さいしょのにんげんはこどもなの？ おとななの？」(5歳)、「サンタクロースはいないって、本当？」(6歳)、「胸がキュンとするようなお話を教えてください」(小４)……ピュアな気持ちや新鮮な疑問でいっぱいの「こどもの大質問」からはじまった、さまざまな図書館の奮闘記59話を、一冊にまとめました。

ISBN978-4-413-23281-4　本体1350円

お願い　ページわりの関係からここでは一部の既刊本しか掲載してありません。折り込みの出版案内もご参考にご覧ください。

※上記は本体価格です。（消費税が別途加算されます）
※書名コード（ISBN）は、書店へのご注文にご利用ください。書店にない場合、電話または Fax（書名・冊数・氏名・住所・電話番号を明記）でもご注文いただけます（代金引換宅急便）。商品到着時に定価＋手数料をお支払いください。
〔直販係　電話03-3207-1916　Fax03-3205-6339〕
※青春出版社のホームページでも、オンラインで書籍をお買い求めいただけます。ぜひご利用ください。〔http://www.seishun.co.jp/〕